3·1운동 민족대표 48인
동방 김세환 평전

3·1운동 민족대표 48인
동방 김세환 평전

초판 1쇄 인쇄　　2025년 8월　1일
초판 1쇄 발행　　2025년 8월 15일

저 자　박　환
펴낸이 윤관백
펴낸곳 도서출판 선인

등 록 제5-77호(1998. 11. 4)
주 소　서울특별시 양천구 남부순환로48길 1, 1층
전 화　02-718-6252
팩 스　02-718-6253
E-mail　suninbook@naver.com

정 가　18,000원

ISBN 979-11-6068-989-1 93990

■ 저자와의 협의에 의해 인지 생략.
■ 잘못된 책은 교환해 드립니다.

광복80주년, 김세환순국80주년

3·1운동 민족대표 48인
동방 김세환 평전

박 환

선인

금일 공판이 시작되는 조선민족대표 48인의 초상
(동아일보 1920. 7. 12)

수원군 사람들의 고종 장례식 참여(수원인민일동 봉도기)

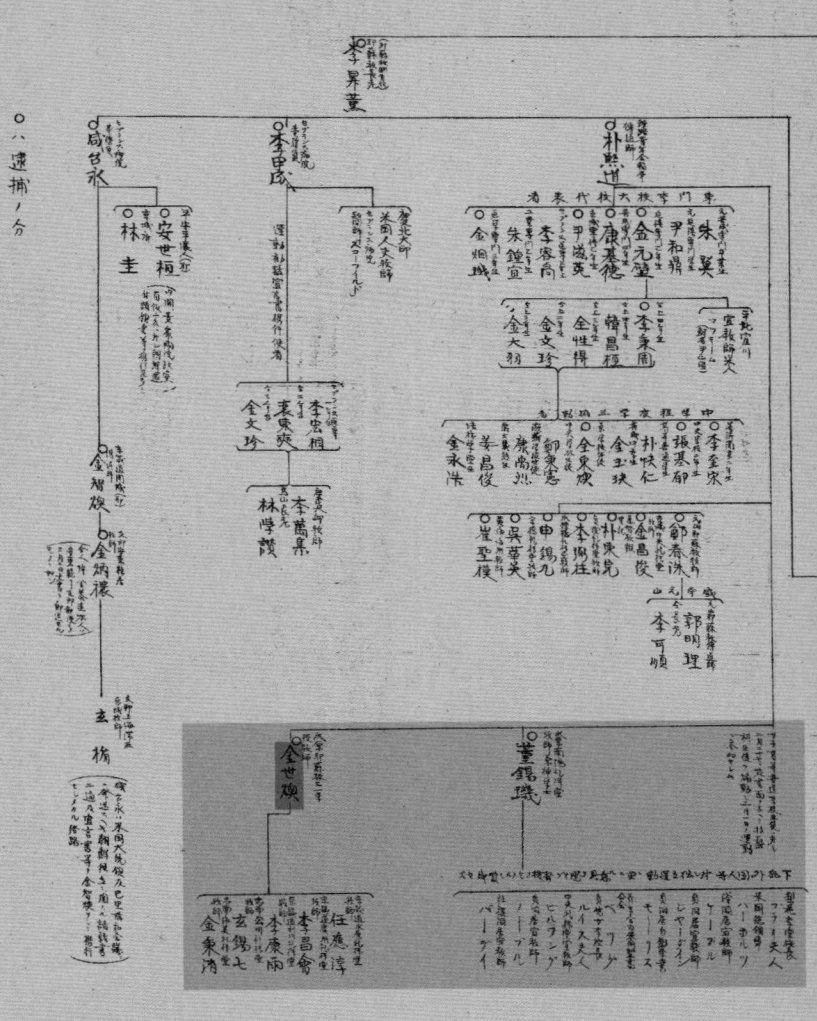

3·1운동 계보도(김광만 제공)

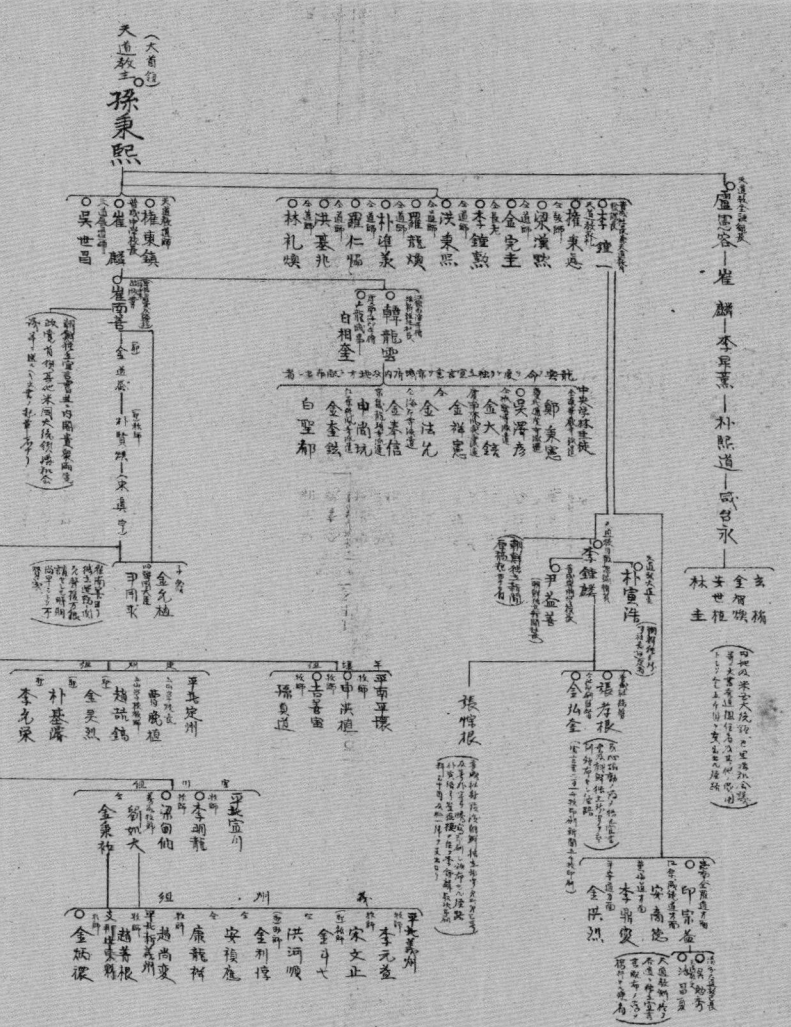

■ 책을 내며

  1945년 9월에 작고한 동방(東方)김세환(金世煥, 1889-1945)은 해방을 얼마나 그리워 했을까. 기쁨도 잠시, 해방된 지 1달여 만에 세상을 하직하였다. 참으로 통곡할 일이요, 가슴 아픈 일이다. 아들의 죽음을 바라보던 김세환의 아버지 김동우의 마음은 오죽했을까.

  김세환은 3·1운동 민족대표 48인 중 한 사람으로 한국 민족운동사의 대표적 인물 가운데 한 사람이다. 대한제국시대 관립한성외국어학교를 졸업하고 일본 유학을 마치고 돌아온 그는 수원상업강습소, 삼일여학교에서 근무하였으며, 1941년에는 수원상업학교를 설립하는 등 수원지역 근대 교육의 중심적 인물이었다. 3·1운동 이후에는 지역민족운동가로, 사회운동, 신간회운동, 수원체육회 활동 등에도 많은 역할을 담당하였다.

  김세환은 어려서부터 수원 종로교회에 출석하며 신앙생활을 했던 독실한 기독교인이기도 하였다. 특히 그는 열린 기독교 민족주의자로서 더욱 주목된다. 김세환은 관립한성외국어학교 중국어과을 졸업하고, 일본 와세다대학 경제학과를 다닌 유학파로서 최고의 지성 중 한 분이었다. 그런 그였으므로 전국의 기독교지도자들과 더불어 수원의 삼일여학교 학감으로서 3·1운동 준비에 적극 참여할 수 있었다. 서울 YMCA 간사였던 박희도와 연계하여 경기도의 수원, 이천, 남양, 충남 해미, 공주 등지를 종횡무진하며, 경기도와 충청도지역의 연락책으로서 일익을 다하였다. 수원 종로교회의 임응순, 그리고 서울의 박희도, 경기도 남양의 동석기, 이창회, 충남 홍성의 김병제, 공주의 현석칠 목사 등과 함께 활동하였다. 이들의 공통점은 기독교 목사 또는 교인들이었다는 점이다. 김세환은 수원지역의 만세운동 뿐만 아니라, 3·1운동의 지도부의 한사람으로서 3·1운동을 전국적으로 기획 조직하는데 일익을 담당하였다.

3·1운동의 중심인물들 가운데 일부는 식민지 치하에서 변절의 길을 걷기도 하였다. 그러나 김세환은 끝까지 조국의 해방을 위해 투쟁하였다. 김세환은 민립대학 설립운동, 신간회운동 등에도 참여하였다. 특히 그는 진보세력과 적절한 타협을 통하여 신간회에 참여하였고. 일정 기간 수원지회장으

로도 일하였다.

한편 김세환은 1939년 수원 삼일학교가 새롭게 구성되지 않으면 안될 위기에, 수원 갑부인 최상희를 움직여 일만원을 희사하게 하여 폐교 직전의 학교를 구하였다. 아울러 1941년에는 홍사훈을 설득하여 수원상업학교(현 수원중고등학교)를 설립하여 해방되기까지 교육에 힘쓰다가 해방된 직후인 1945년 9월 26일에 숨을 거두었다.

이처럼 김세환은 수원지역뿐만 아니라 3·1운동을 대표하는 대표적인 독립운동가였다. 아울러 노블리스 오블리제를 실천한 진정한 교육자였다. 그럼에도 불구하고 김세환에 대한 본격적인 연구는 아직도 이루어지지 않고 있다. 그것은 사료의 부족에 따른 연구의 미진이 가장 큰 원인이 아닐까 한다. 이에 광복80주년을 계기로 김세환의 순국 80주년을 맞이하여 새로운 자료의 발굴에 매진하고자 하였다. 그 결과 김세환의 제적부, 토지대장, 선교본부의 기록, 대한제국관보, 조선총독부관보, 후손들과의 대화 등을 통하여 김세환의 민족운동을 좀더 심도있게 밝힐 수 있었다. 앞으로도 김세환에 대한 보다 많은 관심과 연구들이 이루어지길 기대한다.

  이 책의 간행에는 기존 연구들이 큰 도움을 주었다. 황민호 교수, 김권정 박사 등의 개척적 연구업적이 대표적이다. 아울러 자료 발굴에 도움을 주신 김승태목사, 한규무교수, 제자 매향여자정보고등학교의 김정현, 국가기록원 박종연, 국가보훈부의 정명희님과 수원박물관과 독립기념관, 국가기록원에도 감사를 드린다. 그리고 한동민, 이동근, 김경표 등 연구자들과 윤창혁 등 김세환지사의 유족들, 조형기, 박영양, 윤의영, 조성진 등 여러분들의 격려 또한 잊을 수 없다. 끝으로 이재준 수원시장, 김봉식 수원문화원 원장, 김현광 전 수원문화재단 이사장 그리고 항상 응원과 지원을 해주시는 한국광복군 인면전구공작대 대장 한지성의 후손인 한춘희여사, 최재형기념사업회의 안병학 사장께도 이자리를 빌어 감사드립니다

2025년 8월 문화당에서
청헌 박환

책을 내며 • 9

제1장 시대의 흐름과 마주하다 • 15
　격동의 조선, 수원의 상인 집안에서 출생 • 15
　민족의식의 싹틈 • 22
　망국의 슬픔과 새로운 길을 찾아서 – 수원상업강습소·삼일여학교 • 36

제2장 독립운동의 여정: 3·1운동 민족대표 48인이 되다 • 72
　3·1운동에 참여하다 • 72
　신문조서를 통해 본 김세환의 3·1운동 • 78
　윌슨의 민족자결주의 • 100
　3·1운동 참여과정과 세브란스병원 회의 참여 • 111
　독립청원을 주장하다 • 118
　함께 한 동지들 • 127

제3장 출옥, 그리고 지역민족 운동가로의 새로운 시작 • 151
    조선기독교 광문사 설립과 활동 • 151
    민립대학 설립운동 • 154
    수원지역 사회운동가 • 159
    연대와 협력: 신간회 수원지부 회장 • 163
    수원체육회 초대 회장 • 180

제4장 역사 속의 기억, 김세환의 정신 • 188
    김세환의 키드들: 수원구국민단 • 188
    노블리스 오블리제의 실현— 학교 재정을 위한 봉사 • 212
    민족운동가로서의 업적과 평가–소외된 곳에 노블리스 오블리제를
    실천한 교육자이자 3·1운동 지도자 • 214

부록 • 223

제1장

시대의 흐름과 마주하다

■ 격동의 조선, 수원의 상인 집안에서 출생

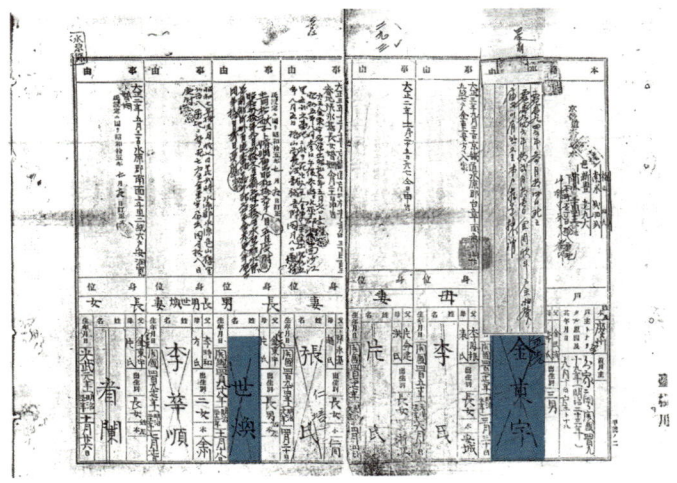

김세환 제적부

1876년 조선이 개항된 이후 일본 등 제국주의국가들의 침략 속에서 조선이 자주적 근대화를 추구하던 불확실성의 시대인 1889년 11월 18일 김세환은 수원군 수원면 남수리 242번지에서* 출생하였다. 아버지는 김동우(金東宇), 어머니는 절강 편씨로, 2남 2녀 중 장남이었다. 김세환의 여동생은 간난, 소간난 등이고, 남동생은 김우석(金右石)이다. 김세환의 아버지 김동우의 제적부에 따르면, 김동우의 둘째 부인 장씨(張氏)에게서도 여러 자녀가 있는 것으로 알려지고 있다. 3녀 화열, 3남 건환, 4남 성환, 4녀 인숙, 5남, 인환, 5녀 화숙, 6남 광환 등이 그들이다.

김세환 가족

---

* 1928년 김세환 일제감시카드에는 본적이 경기도 수원군 수원면 산루리 308번지, 주소는 수원면 매산리 49번지로 되어 있다

후손들에 따르면*, 김세환의 아버지 김동우는 수원에서 큰 목재상을 한 것으로 전해지고 있다. 이를 통하여 볼 때, 김세환의 집안은 수원에서 어느 정도 경제력을 가진 상인집안이 아닌가 추정된다. 그러나 수원시사편찬위원회에서 간행한 『수원시사』와 1930-40년대 수원상공회의소 명감 등 관련 자료 등에서 김동우란 이름을 찾기는 쉽지 않다. 다만 김세환이 1920년 출옥 후 목재상을 한 것은 아버지 김동우의 일을 도운 것이 아닌가 추정된다. 아울러 김세환이 1910년 3월 관립한성외국학교를 졸업한 이후 같은 해 수원상공회의소의 수원상업강습소에서 근무한 점 역시 김동우의 집안이 상업에 종사하였기 때문이 아닐까 한다.

　김동우의 재산이 어느 정도인지는 알 수 없으나 김세환이 서울에 있는 관립한성외국어학교를 졸업하고 일본 와세다(早稲田)대학 경제학과를 중퇴하였고,** 여동생인 작은 간난이의 경우도 이화여고를 다닌 것을 보면 재산이 어느 정도 있었던 것으로 보인다. 김세환이 출생한 남수리 242번지는 토지대장에 따르면, 136평으로 되어 있다. 한편 대한제국관보 대정4년(1915년) 2월 20일자 〈포상〉 목배하사(木杯下賜), 즉

---

*　김세환의 4녀 김정주의 아들 윤창혁(1947년생) 등의 증언.
**　『김세환의 약사』, 1974년 작성

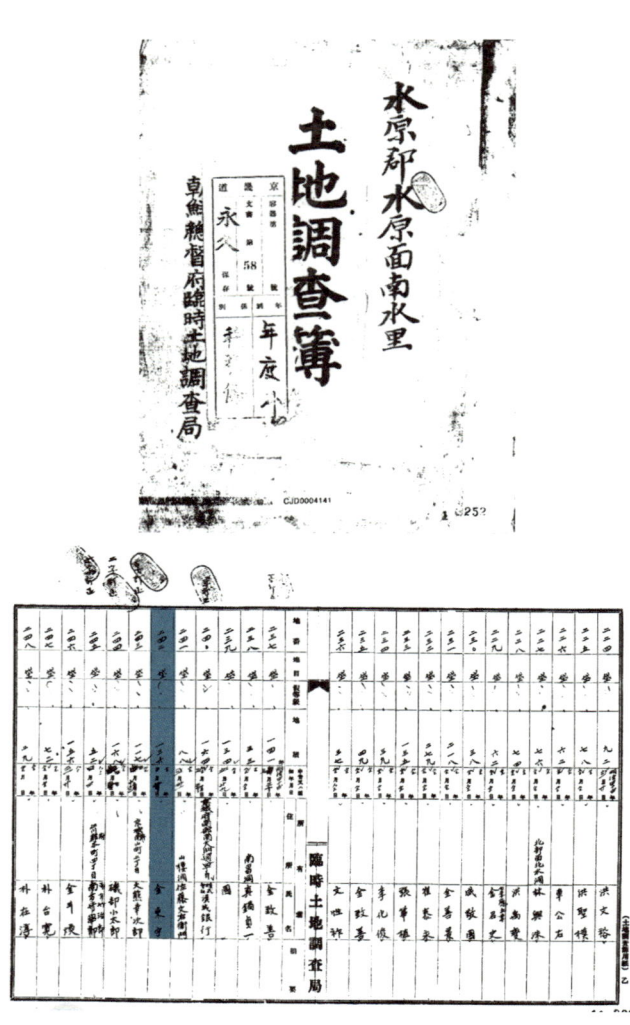

김세환 토지대장(1911)

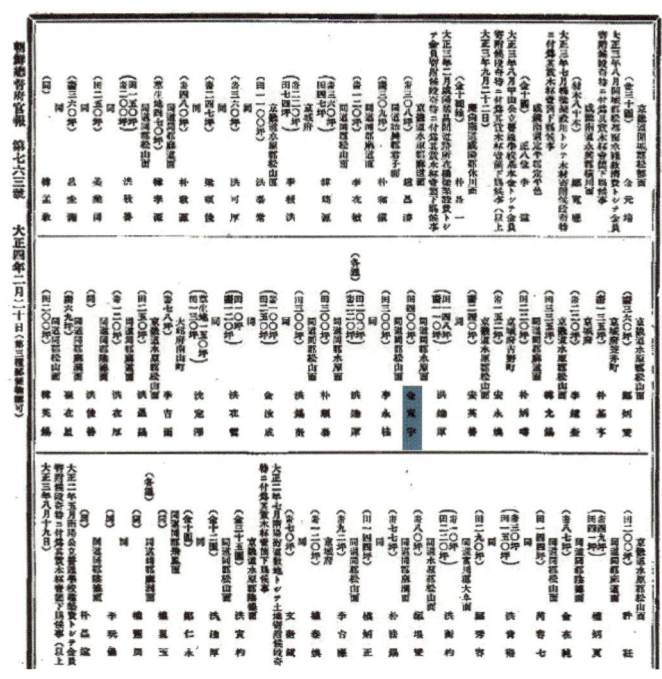

김동우(조선총독부관보, 1915)

조선총독부에서 목배를 하사받은 자 명단에서 김세환의 아버지인 김동우의 이름을 찾아볼 수 있다. 이에 따르면, 김동우는 1914년 2월 경상남도 함양, 거창간 도로소재 교량가설비로 땅을 기부하고 있다. 즉 〈수원군 수원면 김동우, 전(田) 400평〉이 언급되고 있다. 당시 수원면 사람으로는 박순태(朴順泰)가 전(田) 300평을 기부하고 있다. 이를 통해 볼 때, 김동

수원성내 남수리집터 추정지(1930년대)

김세환 집터(2019)

우는 수원면의 상당한 재력가가 아닌가 짐작된다. 그러나 김세환이 3·1운동으로 투옥된 이후 가세가 기울어 1920년 김동우소유의 집은 수원의 한성은행으로 등기 이전되었다.*

김세환의 큰 여동생인 간난이는 인천의 목사에게로 시집간 것으로 알려지고 있다. 특히 그녀는 길거리에 있는 시체 등을 돌보는 등 봉사하는 삶을 산 것으로 전하여지고 있다. 작은 간난이는 이화여고를 졸업하고** 서울 계동의 부자집인 홍씨집안으로 시집간 것으로 알려지고 있다. 딸인 홍길자의 증언이 있었다고 한다.***

〈김세환 가계도〉(이동근 작성)

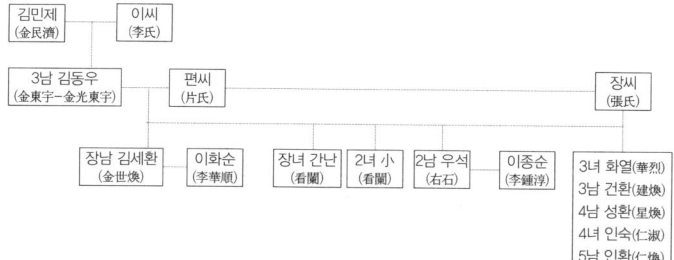

---

* 김세환의 집터 토지대장(2025년 발행)
** 김 작은 간난이가 이화여고 재학시 촬영한 사진이 존재하고 있다.(부록 참조)
*** 조성진, 윤의영 등 김세환기념사업회분들이 김세환의 여동생 작은 간난이의 딸인 홍길자를 만나 들었다고 증언하고 있다.

■ 민족의식의 싹틈

1) 복음과의 만남, 민족의 아픔을 느끼다.

김세환의 민족의식 형성과 민족운동에 있어서 기독교, 즉 북감리교가 중요한 역할을 한 것으로 보인다. 그러므로 수원지역의 기독교 전파는 김세환을 이해하는데 중요하다고 생각된다. 그런데, 김세환은 기독교인이었음에도 불구하고 그의 신앙의 계기나 기독교 활동 등은 별로 드러나고 있지 않다. 수원지역으로의 기독교 전파를 살펴보면서* 김세환의 기독교 수용에 대하여 알아보도록 하자.

선교 초기 장로교와 감리교 선교사들의 선교지역분할협정 결과에 의해 감리교의 선교지역이 된 수원은 최초의 개신교회인 종로감리교회의 활동으로 여러 교회를 분립 개척하는 등 활발한 활동을 통해 선교지역을 확장해나갔다. 1902년부터 본격적으로 시작된 수원지역 선교는 해를 거듭할수록 도약적인 발전을 이루었다. 1903년 초에는 예배당과 함께 한

---

* 수원지역의 기독교전파 부분은 다음의 논문을 주로 참조하였다. 박진규, 「수원시 지역교회사 연구 : 수원종로감리교회와 삼일학교를 중심으로」, 대전 : 한남대학교 학제신학대학원, 2015.

국인 사역자 주택과 수원지역 순회전도자들을 위한 숙소, 그리고 매일학교(DaySchool)가 들어서면서 초기 단계의 선교부가 세워졌다. 여성에 대한 선교도 1902년부터 본격적으로 시작되어 1902년 하몬드(AliceHarmond)와 피어스(NelliePierce)를 파송하였고, 이듬해인 1903년에는 구다펠(MinervaGuthafel)을 파송하였다. 이들은 상동교회가 중심이 된 상동구역을 맡으면서 공주를 포함하는 서울 이남지역 전체의 여성 사업을 맡게 되었다. 그뿐 아니라 남녀매일학교를 시작으로 교육을 통한 선교활동도 활발하게 전개되었다.*

수원 순회구역이 인근의 시흥과 남양까지를 포함하는 구역으로 확장되자 1902년부터 버딕(G.M.Burdick,邊北鎭)선교사가 수원구역 담임자로 파송되어 수원읍교회를 중심으로 목회 활동을 폈으며, 1904년 귀국한 스크랜턴 모자도 수시로 수원에 내려와 수원 선교를 지원하였다. 1905년 경부선의 개통으로 수원이 경기도 행정의 중심지가 되었고 인구도 계속 증가했다. 따라서 자연히 수원은 서울 이남지역 선교의 중심지 역할을 감당하게 되었고, 그에 따라 교인수도 폭발적으로 증가하여 수원읍교회는 2백여 명의 신도가 모이는 교회가

---

* 김진형, 『수원종로교회사 1899~1950』, 수원종로교회, 2000, 79쪽.

되었다.

1905년 을사늑약으로 인한 사실상의 주권상실로 말미암아 도처에서 의병 운동이 일어났고, 교회에서는 연일 기도회가 열렸으며, 기도회 후에는 도끼를 메고 대한문 앞으로 가서 상소하였다. 이런 구국운동이 선교사들에게는 과격한 정치행동으로 비쳐졌는데, 이 일로 인해 감리사로서 상동교회를 담임하고 있었던 스크랜턴은 교회 안에 불순 세력이 들어와 벌어진 일이라고 생각하여 1905년 11월 1일 엡윗청년회를 해산시키고, 교회내 민족주의 운동을 하던 지도자들을 악의 세력이라고 규정하여 경계하였다. 이 일은 교인들 간의 갈등과 분쟁으로 이어져 교인 일부가 떠나는 등 수원지역 선교에도 적지 않은 영향을 끼쳐 시련이 되기도 했다.

그럼에도 불구하고 사역자들의 노력으로 교회는 하루가 다르게 발전하였다. 더욱이 1907년과 1908년 사이에 대부흥운동을 겪으면서 교인들의 신앙심이 더욱 강해져서 교회는 다시 활기를 띄게 되었다. 계속하여 늘어나는 신자들을 돌볼 수 있는 한국인 사역자가 부족하여 어려움을 겪을 정도였다. 당시 수원 구역은 서울 이남의 경기도 지역 전체를 포함하는 매우 광대한 지역이었는데, 이를 돌보는 사역자는 전도사 한 사람뿐이었다. 특히 교회 청년들과 삼일학교 학생들 사이에 이런 부흥과 전도운동이 활발하게 일어나 교회는 늘어난 교인들로 "예배당이 차고 넘치는 지경"에 이르게 되었고, 예배당이 너무 좁은 나머지 1907년 종로로 이사하여 1908년에는 남학교 건물을 빌려 예배를 드려야만 했다. 바로 이러한 시기에 남수동에 살던 김세환 역시 기독교 신도가 된 것이 아닌가 추정된다.

1908년에는 수원 지방의 선교구역이 새롭게 형성되었다. 이제까지 수원과 시흥, 그리고 남양 등 경기도 남부 일대의 선교구역에서 충청북도와 충청남도 일부를 포함하는 광범위한 지역으로 확대되었다. 사업지는 경기도에 15개, 충청북도에 6개, 충청남도에 1개로 총 20개 군(郡)에 걸쳐 있었다. 수원지방 담당 선교사는 버딕이었고, 한국인 사역자는 총 12명이었는데, 이중에서 9명은 각각 10개의 계삭회를 맡고 있었다. 즉 이들은 선교부에서 월급을 받는 전임사역자로 10개 구역의 구역장이었던 것이다. 12명 중 한명은 버딕을 수행하여 함께 순회하였고, 한 명은 수원 선교부에서 보조를 받으면서 수원에서 사역하였으며, 또 다른 한 명은 오산(오뫼)교회의 전도인과 남학교 교사를 겸직하고 있었다.

1908년 선교구역이 재조정되자 교회는 크게 부흥하였다. 물론 이런 성장은 당시 한국교회를 뜨겁게 달구고 있던 대부흥운동의 영향이 컸고, 여선교사들의 수고로 여자 신자들이 크게 증가했기 때문이다. 수원지방의 여성선교는 1907년부터 힐맨(M.R.Hillman)과 밀러(L.A.Miller, 1870-1958)가 수원 순회구역으로 부임함으로써 본격화 되었다. 경술국치 이듬해인 1911년 미감리회와 남감리회를 합친 전체 교인 수는 총 60,273명이었다.

2) 수원종로교회와 임면수

수원종로교회

김세환은 기독교 민족주의자였다. 김세환의 어린 시절에 관한 기록이 남아 있지 않아 자세히 알 수 없지만, 그는 수원종로교회가 시작할 무렵부터 교회에 출석하며 일생을 기독교인 및 교인 관련 인물들과 관련한 것으로 알려지고 있다.

그는 소년시절부터 교회에 출석하는 착실한 교인으로 살았는데, 장년이 되어서도 술과 담배를 전혀 하지 않을 정도로 신앙적 절제력이 강했던 것으로 전해지고 있다.

1931년 종로교회에서 밀러 교장과 김세환, 임면수

김세환이 꿈을 키워나갈 시기인 구한말에 그가 출생한 남수동의 이웃 마을 보시동(북수동)에 수원교회가 세워져 선교하며 교육과 구국활동에 힘쓰고 있었다. 김세환은 수원교회에 출석하는 이들 지역인사들의 지도를 받으며 기독교인으로 성장했다. 그 가운데 한사람이 임면수가 아닐까 추정해 본다. 김세환은 지역 기독교지도자들의 영향으로 교육가, 독립운동가로서 꿈을 키워 나갈 수 있었다. 이런 영향 속에서 그는 일찍부터 국가를 부강하게 만들고 꿈을 이루기위해서는 신학문을 배워야 한다고 생각하고, 서울로 올라가 관립한성외국어학교에 진학하였다*

1931년에 촬영된 〈1931년 수원종로교회직원일동〉에서도 김세환은 수원지역의 대표적인 독립운동가 임면수, 그리고 삼일여학교 교장 여선교사 밀러 등과 함께 보이고 있다. 밀러는 1901년 내한하여 인천과 황해도 해주 선교에서 활동하다가 1908년 수원지방으로 옮긴 후 1909년에는 삼일여학교(현 매향중학교, 매향여자정보고등학교) 교장으로 시무하였으며, 1926년에는 수원지방 전도부인의 기숙사를 세웠다. 1929년에는 안산 샘골에 학교를 세워 최용신의 일터를 마련해 주기도 하였다. 1931년 제1회 기독교조선감리회 연합연회에서 한국 최초로 여성목사안수를 받았으며, 이후에도 쉬지 않고 열심히 일하다가 1938년 12월에 귀국하였다.**

김세환은 또한 1913년부터 1919년 3·1운동 발발시까지도 기독교 감리교 학교인 삼일여학교 학감으로서 교장인 밀러 선교사를 도와 기독교 교육과 민족교육, 여성 근대교육, 그

---

* 홍석창, 『수원지방 3·1운동사』, 왕도출판사, 1978, 128-129쪽.
** 김진형, 『수원종로교회사 1899~1950』, 151쪽.

리고 삼일여학교의 발전을 위해 크게 기여하였던 것이다.

한편 김세환은 3·1운동시에 북감리교의 중심인물이었던 박희도와의 연계로 3·1운동에 적극 참여하게 되었으며, 순회위원으로서 경기도와 충청남도의 3·1운동의 매계역할도 하였던 것이다. 따라서 김세환의 민족운동과 교육운동은 기독교와 깊은 관련을 맺고 있다고 평가할 수 있을 것 같다.

3) 서울과 동경에서 근대학문을 공부하다.

■ 관립한성외국어학교 한어부

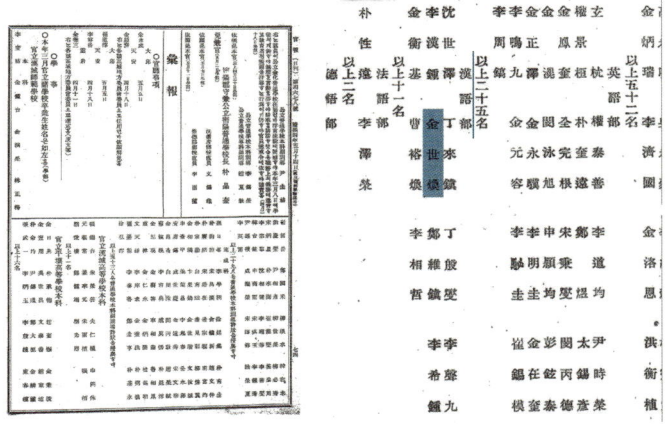

관립한성외국어학교 한어부졸업생명단(1910.3)

『대한제국관보』에 따르면, 관립한성외국어학교 한어부(漢

語部)의 경우, 김세환이 1910년 3월에 졸업한 것으로 되어 있는데, 졸업생 명단은 다음과 같다.

　　심세택(沈世澤), 이한종(李漢鍾), 김형기(金衡基)
　　정래진(丁來鎭) 김세환, 조유한(曺裕煥)
　　정은섭(丁殷燮) 정유진(鄭維鎭) 이상철(李相哲)
　　이성구(李聲九) 이희종(李希鍾)

　김세환이 1910년 3월에 졸업한 관립한성외국어학교는 그의 향후 활동에 큰 영향을 미쳤을 것으로 보인다. 1910년 3월에 졸업한 김세환은 1906년 학제 개혁에 따른 「외국어학교령」에 의하여, 외국어별로 분립되었던 학교들이 한성외국어학교로 통합되었던 시절 한어부에 입학한 것으로 보인다. 이점은 특별히 주목된다. 1905년에 을사늑약 체결로 대한제국의 외교권이 박탈되면서, 통감부의 계획에 따라 1906년에 외국어학교령을 공포하여 관립한성외국어학교가 성립되었다. 이때 기존의 6개 외국어학교인 관립한성일어학교, 관립한성영어학교, 관립한성한어학교, 관립한성덕어학교, 관립한성법어학교, 관립한성아어학교가 관립한성외국어학교로 통합되었다. 교육 목적과 수업 연한도 단축되었다. 일본의 영향력이 커지는 시점이라 관립한성일어학교의 졸업생 수가 가장 많았다. 일어학교 출신들은 상당수가 일제강점기에 관리로 등용되기도 했다. 이러한 시점에 김세환은 일어부가 아닌 한어부에 입학하고 있는 것이다. 김세환이 한어부에 입학한 동기나 계기 등에 대하여도 앞으로 보다 깊은 검토가 요청된다.

한어학교의 수업연한은 3년, 학기는 2학기제, 입학조건은 15세이상 23세 이하의 일반인이 국어와 한문으로 된 독서와 작문 시험을 보아야 했다. 그러나 이 규정은 1906년도에 변경되었다. 3학기제로 되고 입학조건은 12세 이상의 남아로 제한되었다.* 김세환도 1910년 3월 졸업인 것으로 보아 이 시기에 해당되는 것이 아닌가 한다.

한어학교의 입학생이 초기에는 다른 일어학교나 영어학교보다 훨씬 많았고 매년 꾸준히 입학생이 있었던 것으로 보아 한문 및 중국어 지식이 어느 때보다 많이 요구된 것을 알 수 있다. 외국어학교의 목표는 언어 습득을 위주로 실무(통역, 번역, 관리 업무 등)에 적합한 사람을 양성하는 등 뚜렷하였다. 교육 내용면에서도 한어의 수업연한을 3년으로 하고 일주일에 30시간씩(매일 5시간) 언어를 배우는 등 수업의 강도가 높았

---

* 이광숙, 「대한제국의 한어학교에 관한 연구」, 『교육연구와 실천』 제77권, 2011, 70–81쪽; 이광숙, 『개화기의 외국어교육』, 서울대학교출판문화원, 2014; 이광린, 「구한말 관립외국어학교에 대하여」, 『향토서울』 20, 1964.

다. 한어학교 교과내용은 언어습득과 언어외의 습득 과목으로 구분되어 체계를 갖추고 있었다. 저학년에서 언어 습득에 대한 훈련이 초기에서 후기까지 지속되었고 언어외의 과목은 고학년에서 이루어진다. 읽기, 쓰기, 말하기, 쓰기 기능을 위한 교과목의 변경도 많지 않고 이에 대한 수업시간도 크게 변하지 않는다. 통역, 번역 실무를 위해서 특히 한어교육에서는 발음 훈련과 회화 교육이 강조되었다. 언어 외 과목으로는 역사,지리, 이과 등 과목이 있었다. 언어 외의 과목은 자국과 목표국의 역사, 지리를 토대로 정치, 경제, 사회로 넓혀갔다. 교수 방법론 면에서 중국인이 직접 중국어로 수업을 하는 교육이 행해졌다.

한편 한어학교 졸업자의 취직 상황은 교관, 교사,시종, 사무원, 군수 등 다양하였다.* 돌산군수 (오극선), 회사사무원 (신정휴), 시종원 시종 (김영갑), 본교 부교관 (오규신, 유정열,이명칠, 김원배), 사립학교 교사 (임국승, 정완시, 정영시, 최홍순, 장의환), 도지부 기수(안병직), 순사 (서정준), 학부 서기관 (이민웅) 등이 그들이다. 이들이 종사한 직책이 고위 관직이라고는 볼 수 없지만 급변하는 사회에서 실무를 행하는 것이었다. 이들 직종

---

* 이광숙, 「대한제국의 한어학교에 관한 연구」, 70-81쪽

가운데 김세환은 수원으로 돌아와 사립학교 교사직을 선택하였던 것이다.*

◼ 와세다대학

1974년도에 김세환의 부인 심경자와 자녀들에 의하여 작성된 『김세환의 약사』에 김세환의 학력과 관련하여 다음과 같이 기록되어 있다.

심경자(김세환의 부인)

1905년 보성학교 졸업
1911년 일본 조도전대학 경제학과 중퇴
1915년 한국한성외국어학교 중국어과 졸업

위의 기록을 통하여 김세환이 서울에서 그리고 일본 동경에서 공부하였음을 짐작해 볼 수 있다. 『김세환약사』에는 김세환이 1905년에 보성학교를 졸업한 것으로 되어 있다. 그러나 일반적으로 보성학교는 1906년에 이용익이 창립한 사립학교로 알려져 있다. 즉, 1906년 8월 이용익(李容翊)이 창립하여 같은 해 9월 5일 설립 인가를 받았다. 1910년 12월 천도교회의 손병희(孫秉熙)가 경영권 인수하였으며, 1913년 12월 6

---

* 위의 논문, 81쪽.

『서울』 잡지에 보이는 김세환

일 사립 보성학교로 교명을 변경한 것으로 알려져 있다.* 그러므로 김세환이 보성학교를 졸업하였다는 기록에 대하여는 좀더 검토의 여지가 있어 보인다. 다만 김세환이 1905년 보성학교를 졸업하고 을사늑약이 있던 1905년 이후 1906년에 관립한성외국어학교에 입학하였을 개연성은 충분히 있다고 보여진다.

다음에는 김세환이 일본에 유학하였다는 기록에 대한 것이다. 그의 집안이 상인집안으로 추정되는 바, 그가 일본에서 경제학을 공부했을 개연성은 충분한 것이 아닌가 한다. 아울러 미국에서 간행된 『신한민보』나 서울에서 산운 장도빈이 간행한 잡지 『서울』 5호(1920년 5월간행) 민족대표 49인에 대한 김세환에 대한 설명을 통해서도 이를 짐작해 볼 수 있다.

삼일여학교 교사
김세환
경기도 수원군 수원면 남수리 242

---

* 유준기, 「천도교의 신교육운동」, 『산운사학』 6, 고려학술문화재단, 1992.

32세, 11월 18일생
그는 년전에 동경에 유학하야 상당한 학문을 수(修)하고 귀국한 후에 미기(未幾)에 삼일여학교 교사로 있었다.

지금까지 학계에서는 경기도 교육연구원에서 1978년도에 발행한, 『우리고장 독립운동공훈자』(수원, 경기도교육위원회)에 대한 기록을 통하여 일본 중앙대학을 다닌 것으로 알고 있다.

선생은 일찍이 한국외국어학교를 졸업한 후, 조국독립의 성업을 성취하려면, 먼저 개화문명해야 한다고 생각하여 일본으로 건너가서 일본 중앙대학에서 신학문을 공부하여 가지고 돌아왔다

그런데 1974년 가족들이 작성한 『김세환의 약사』에 따르면, 김세환은 와세다대학을 1911년에 중퇴하였다. 이 대학은 1882년 10월 21일 정계의 재야 지도자인 오쿠마 시게노부[大隈重信]가 법학과, 정치경제학과, 영문학과, 물리학과를 둔 도쿄전문학교로 설립하였다. 1893년에는 문학과에서 대학원과정을 시작하였다. 1902년 창립자의 마을인 와세다마을에서 따온 와세다대학으로 개칭한 후 정치경제학과, 법학과, 문학과의 대학부, 7개 전문부(전문학교), 1개 대학원을 갖추었다. 1904년 전문학교령에 따라 대학 지위를 획득한 데 이어 1920년 새로 제정된 대학령에 의해 정식 사립대학이 되

었으며 3년 과정의 대학원을 설치하였다.* 한국인들이 일찍부터 와세다대학에서 공부한 경우들이 있음을 전제해 볼 때 김세환이 와세다를 다녔을 개연성은 충분히 있다고 판단된다. 다만 한국학중앙연구원 한국학진흥센터 용역 〈근대 한국의 학력 엘리트 데이터베이스 구축〉에 와세다대학 졸업생 53명 명단에도 나오고 있지 않다. 김세환은 중퇴하였기 때문에 명단에 보이지 않는 것이 아닌가 판단된다.

■ 망국의 슬픔과 새로운 길을 찾아서
- 수원상업강습소·삼일여학교

1) 수원상업강습소에서 소외된 청년교육에 매진하다.

■ 수원상업강습소 교장

1905년 을사늑약 체결 이후 전국 각지에 걸쳐서 야학, 강습소, 사립학교의 설립 운동이 활발하게 전개되었다. 이러한

---

* 우에야마 유리카, 「식민지시대 조선인의 일본유학과 한국사공부-이병도의 早稲田대학 유학시기(1915-1919)의 경험을 일례로」, 『사림』 56, 수선사학회 2016. 참조

활동은 교육 진흥과 경제 발전을 통해서 국권을 회복하고자 했던 애국계몽운동의 큰 흐름 중 하나였다. 수원에서도 교육 사업이 활발히 진행되었다. 특히 수원 내 각종 학교의 설립은 수원지역 민중을 자각시키는 데에 큰 영향을 끼쳤다. 대표적인 기관 중 하나가 바로 1910년에 설립되고 이후 화성학원(華城學院)이 되는 수원상업강습소이다.

수원상업강습소 설립은 수원상업회의소의 부속 사업이었다. 수원상업회의소는 지역 상공인들이 힘을 합쳐서 일본상공회의소의 위협에 맞서 수원 내 조선인의 상권과 권익을 보호하기 위해 설립한 조직이었다. 1910년 당시 상업회의소가 수원 외에도 서울, 개성, 강화, 인천, 대구, 평양, 안주, 선천, 원산, 진남포를 포함한 전국 12곳에 설립되었다. 1908년 수원상업회의소가 설립될 때, 수원의 상업인 200여 명 중에 김태진(金台鎭), 고정환(高正煥), 황운선(黃雲仙), 임석준(林錫俊), 홍건섭(洪建燮), 홍민섭(洪敏燮), 양성관(梁聖寬), 김홍선(金興善), 신준희(申駿熙), 김순구(金舜九), 이희영(李熙榮)을 포함한 약 60명이 주도적인 역할을 했다. 이 상인들 중 당시 수원에서 목재상을 하고 있던 김세환의 아버지 김동우도 포함되어 있지 않을까 추정된다.

이 상업인들은 상황에 따라 4등급으로 나뉘었으며, 각 등

급에 따라 기금을 납부했다. 4등급은 각각 3원, 2원, 1원, 50전으로 구분되어 부과되었으며, 체납자 없이 전원이 완납하여 단결된 모습을 보였다. 이들이 납부한 기금을 통해 수원상업회의소는 남수동에 사무소를 마련하고 운영을 시작할 수 있었다.

초기에는 등록자 숫자가 많지 않았다. 이에 강습소는 약 2천원을 투자하여 상업강습소 내에 방직 공장을 설립했다. 학생들은 학업과 동시에 방직 공장에서 일하면서 작업 성과에 따라 하루 35전에서 50전의 일당을 벌기 시작했다. 공부와 일을 병행할 수 있다는 소문이 퍼지면서 지원자가 급증했고 1914년 학생 수는 110명에 이르게 되었다

김세환은 수원상업강습소에서 직조감독관으로 일하며, 학생들을 가르치기 시작하면서 교육가로서 민족의식에 기초한 교육활동을 펼치기 시작하였다. 이 학교는 오늘날의 수원 중고등학교의 전신으로 표면적으로 "상업에 관한 지식, 기능의 강습"을 목적으로 설립되었으나 이면적으로는 수원에 있는 상인들이 단결하여 항일투쟁을 하려는 목적으로 1910년에 설립한 학교였다. 이 학교에서는 한문, 영어, 상업부기 등 상업과 신지식을 교육시켰다. 이곳에서 그는 이후 1920년대 대표적인 이 지역 운동가로 활동하는 인물들을 가르치게 되었

다. 수원상업강습소 2회 졸업생인 김노적과 학교 보조교사였던 박선태 등이 바로 그들이다.*

수원상업강습소에 대한 개략적인 역사는 시대일보 1924년 4월 22일자 지방논단 〈수원상강(水原商講)의 현상여하, 수원지국 일기자〉를 통하여 짐작해 볼 수 있다.

김노적

> 오늘날 조선이 경영하는 사업은 무엇을 막론하고 경제문제와 기타의 사정으로 불완전하고 잘 되지 않는 것이 사실이다. 그 중에서도 우리들의 생명이라 할 교육사업은 다시 말할 것도 없이 충실하지도 완전하지도 못한 것은 현실이 잘 보여주는 바이다. (중략) 오늘날 이같은 종류의 하나인 수원에 있는 수원상업강습소의 현상을 소개하고자 한다. <u>이 수원상업강습소는 지금으로부터 15년전인 1910년 (융희4)에 수원상업회의소에서 상업에 대한 지식을 교육하기 위하여 설립한 수원에 있는 하나의 교육기관이다. 그의 명칭은 강습소라 하였으나 내용을 자세히 살펴보면, 그 제도가 학교제도와 특별히 다를 것이 없다.</u> 창립당시 수 3년간은 설립자 되는 수원

---

* 최희영, 「1922년 수원 기생의 수원상업강습소 구제를 위한 자선공연 개최 배경과 의의」, 『이화사학연구』 69, 이화사학연구소, 2024년 12월. 208-212쪽. 『수원중고등학교 111년사』, 2024, 56-75쪽. 앞의 책 중, 수원상공회의소(56-75쪽), 수원상업강습소의 설치와 운영(76-89쪽) 수원강습소 사람들(90-99쪽). 김노적(99-103쪽).

상공회의소에서 풍족하지 못하나 경상비를 매년마다 지출하였다. 그러나 불행히 1915년(대정4년) 이르러 상업회의소는 개정된 새 상업회의소령에 따라 폐지되었다. 따라서 상업강습소는 독립하게 되었다.

이래 15년이 지난 오늘에 이르기까지 폐교될 비운의 절박한 문제가 일어난 적이 몇 번인지 모를 지경이었다. 그러나 당시 교편을 잡았던 이규재(李圭宰)선생 외 수삼동지의 열성으로 수원유지의 심적 또는 물질적 찬조 및 수업료 등으로 근근히 부지하여 온 것이다.

봄가을 비바람 15년의 복잡한 역사의 페이지를 늘리며 적어도 수원을 위하여 공헌한 바가 크다는 것은 말할 필요가 없다. 현재 현상을 보아도 일전한 기본금은 반 푼도 없다고 한다. 기본금이 있다 하면 오직 교편을 잡은 5명의 교사일 것이다. 다시 말하면 학생이 있은 뒤에 교사가 있음이다. 아니요 선생이 있은 후에 학교와 학생이 있게된 있게 된 형편이다. 그러나 상업강습소의 교육성적은 설비의 완전하지 못한 점으로 보아서는 양호하다고 할수 있다. 현재 4월 중순에 재적생이 주학(晝學) 보통과에 220여인이오, 야학 초등과에 40여이라 한다. 특히 보통과에는 입학 연령이 지난 학령과만자(學齡過滿子)로, 다른 학교에 입학을 못하고 중로에서 방황하는 12세 이상의 남자로만 수용하고 현 6년제를 단축하여 3년에 완전한 졸업을 주도록 되어 있음을 나는 더욱 감사하게 여긴다. 그리고 중등과를 증설 설치할 계획이라 하며, 한편 예비과를 다시 두고, 8세 이상의 아동을 현재 모집 중이라 한다. 물론 이 수원상업강습소는 순전히 조선인이 설립한 것이고, 경영되는 터이라 현직 강사의 열성과 수원 일반 유지의 정신적 물질적 무한한 도움으로 오늘날의 융성함을 보게 되었으니 반드시 그 앞날이 더욱 유망할 줄 믿고 비는 바이다.

아울러 동아일보 1922년 1월 27일자 〈수원상업강습소 개혁〉에서도 수원상업강습소의 역사를 짐작해 볼 수 있을 것 같다.

> 수원성 내 상업강습소는 융희 4년(1910년-필자 주) 6월 전 수원상업회의소에서 상업에 관한 지식 기능의 강습을 목적으로 하고 설립 경영하였던 바, 그후 대정 5년(1916년-필자 주) 4월에 수원상업회의소가 폐지된 이래, 금일에 이르기까지 유지의 곤란으로 폐문(閉門)의 비경(悲境)에 이를 뻔한 적이 1,2차에 그치지 아니하였으나, 다만 수삼 유지의 열성으로 근근유지하여 오며, 주·야학 각 과에 다수한 학생을 수용 교수하여 적어도 수원을 위하여 적지 않은 공헌을 하던 터이나, 동강습소는 현시대 문명풍조에 따라 낙오의 탄(歎)이 불무(不無)함으로 그 내용을 전부를 개혁하였는대 이를 소개컨대, 재래의 상업강습소를 화성학원이라 하고, 학령과만자로 여러 학교 입학 준비 또는 간이한 고등, 보통 정도의 학식을 배우게 한다 하는데, 주학으로 보통과 중등과 고등과, 야학으로 초등과 전수과를 두고, 그 내용을 충실케 하였는바, 현재 李圭宰, 崔相勳, 劉駿和, 尹龍熙, 강사 교편 아래 160여명의 학생을 수용하여 교수한다더라.

수원상업강습소는 처음에는 상무야학(商務夜學)이라는 이

름으로 시작되었다. 초대 학장은 김태진(金台鎭), 학감은 임석준(林石俊), 강사는 정준화(鄭駿和), 최상규(崔祥圭), 김용묵(金容默), 김세환(金世煥) 등이었다. 이는 1911년 12월에 발행된 수원상업강습소 김노적의 수업증에서 확인할 수 있다. 수업과목은 일어, 산술, 한문, 수신 모두 4과목으로 이루어졌다. 이후 1916년에 2월에 발행된 김노적의 수업증서에는 김세환이 소장 겸 소감으로, 1917년 3월 김노적의 졸업 증서에는 소감으로 기록되어 있다. 즉, 김세환은 점차 수원상업강습소 교장과 교감을 겸임하며 운영을 총괄하게 된다.

■ 수원상업강습소

수원상업강습소 설립 목적은 "상업에 관한 지식, 기능의 강습"이었다. 설립 직후인 1909년 수원상업강습소는 수원상업회의소로부터 재정 지원을 받아 주간과 야간의 두 과로 나누어 학생을 모집하였다. 자격 요건은 보통학교 졸업 이상자였다. 첫해 주간과 야간에 각각 30명과 80명의 학생을 모집하였다. 1910년에는 주간 수업을 도입하여 본격적인 교육 기관으로 발전했다. 그러나 주간을 개설한 1910년에도 상업강습소는 일반 학교로 인정받지 못하였던 것으로 보인다. 더구나 1915년 7월 15일 일본 당국은 일본인과 한국인의 상업회의

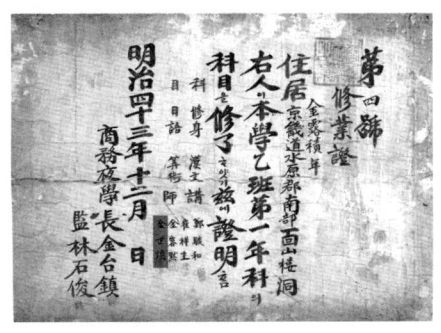

수원상업강습소 강사(1911)

수원상업강습소 소장 겸 소감(1916)

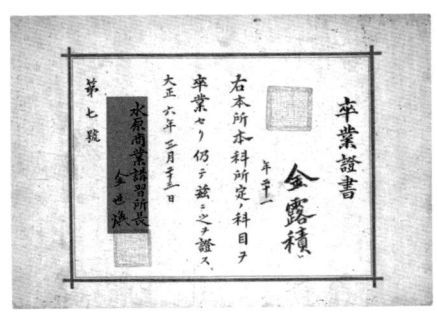

수원상업강습소 소장 김세환(1917)

소를 통합하고 의법단체로 전환하는 조선상업회의소령을 공포하였다. 일제가 조선의 경제인을 감독하고 통제함으로써 일본이 이익을 보게 하기 위함이었다. 조선상업회의소령이 같은 해 10월 1일부터 시행됨에 따라 수원상업회의소는 1916년 6월 해산되었다. 수원상업회의소의 해산으로 수원상업강습소는 재정적 후원이 끊기면서 더 이상 운영이 어렵게 되었다. 이러한 상황 속에서도 수원상업강습소는 몇몇 지역 유지의 도움으로 간신히 명맥을 유지하였고, 1916년 4월 27일 강습소의 명칭을 화성학원이라 개칭하였다. 다만 1920년대 초까지 수원상업강습소라는 이름으로 더 많이 기록되었다.

운영 목적도 '상업에 관한 지식, 기능의 강습'으로부터 학교 입학 준비 또는 고등보통학교 정도의 학식 전달로 변화를 두었다. 학제도 다양화시켜 주간에 보통과, 중등과, 고등과를 설치하였고 야간에 전수과(專修科)를 설치하였다. 재학생

화성학원 전경과 원장

화성학원 20회(1936년) 졸업기념

은 160여 명이었으며, 수업 연한은 3년으로 하였다. 즉 1916년 수원상업강습소는 화성학원이라는 새로운 이름을 얻으면서 고등보통학교 수준의 지식을 교습하는 것으로 그 운영 목적이 바뀌었다.

한편 1914년 당시의 상황은 매일신보의 다음 기사에서 이를 짐작해 볼 수 있다. 〈모범될 수원상의〉(매일신보 1914, 12.22)

> 수원상업회의소는 지금으로부터 7년 전에 설립하였는데, 그 때에 수업상업가 제씨는 3,000여원의 거금을 거출하여 수원부내에 회의소건물을 건축하였는데, 사무실, 회의실, 소사실 등을 구비하고, 비품도 정돈하며 참고품도 진열하여 뜰 안에는 티끌하나도 발견치 못하도록 청결하게 소제하여 시찰자로 하여금 자연히 상쾌함을 느끼게 하더라.
> 현재 회두는 金禧景씨인데 씨는 이번 봄 4월에 본사에서 발기한 대정박람회 시찰단의 3부장으로 건너갔던 유지 진신이오. 부회두 洪敏燮, 총무 金舜九, 서기장 李熙榮 등 제씨가 시무하는데 常議員 20명으로 조직하고, 지역 원로 몇 명을 고문으로 정하여 조선 내 각 상업회의소와 내지 5-60처 상업회의소와 연락하여 상업계의 일대기관이 되어 수업상공업의 개선 발전에 진력하는 효과가 크다더라.
> 특기할 것은 수업상업가 200명 중 형세가 좋고 나쁨에 따라, 그 중 60여명이 부과금을 3원, 2원, 1원, 50전의 4등급으로 구분하여 거출하는데, 다른 상업회의소에서 제일 문제되고 제일 우려하

는 체납자는 하나도 없는 일이라. 이는 회두이하 임원을 잘 선출한데 있거나와 수원상업가의 상공업 개선발전에 열심과 공공사업에 임무를 다하는 열성에서 오는 결과라 칭하는 것이다.

또 이 회의소에서는 6년전 이래로 상업교육을 위하여 상업강습소를 설비하여 상업회의소 부과금 중 63원을 경비로 충당하고, 국어(일어), 산술, 상업, 부기 등 상업가에 필요한 학과를 교수하기도 하여 현재 학도는 110명이라.

또 이회의소에서는 6년전 이래로 상업교육을 펼치기로 하여 상업강습소를 설시하여 상업회의소 과금 중 63원을 경비로 충당하고, 국어, 산술, 상법, 부기 등 상업가에 필요한 학과를 교수하기도 하여 현재 생도는 110인이라.

최초 생도를 모집할 6년전은 세상이 아직 암매하여 강습소에서 학습코자 하는 자 희소함으로 자본가 32명이 금 2,100을 거출하여 강습소 부속 직조공장을 설시하고 강습소에 입학하는 자로 하여금 직조케 하는데, 직조 성적에 따라서 35전 내지 50전까지 일당을 지급하고 학과를 학습케 하니 입소를 지원하는 자가 각군에서 오히려 과다함을 우려하게 되었더라. 그러나 그 직조품을 판매할 필요가 있는데, 조선풍습이 경향을 물론하고, 조선내의 제조품을 좋아하지 않고, 외국제조품을 다수 호용하는 경향이 있어, 강습소 생도의 직조품을 누가 사가리오. 그러나 이를 그대로 둠은 만만 불가하므로 상업가 여러 사람이 협의하여 팔고 못팔고 간에 각각 담당판매하여 1년간 매상고를 정산한 즉, 각종 비용을 제하고도 1,000여원의 이익을 얻은 지라,

원래 각 상업가는 이익을 위주함이 아닌고로 그 반액은 강습소의

기본금에 기부하고, 그 반액은 거출금 비율로 분배케 하는데, 이는 불과 이자라. 이래로 3개년을 계속하였는데, 재작년 (1912년-필자)에 이르러 이성의(李聖儀)씨가 경영하는 직조회사와 합병하여 강습소 공장은 이내 폐지된 지라. 직조회사에 합병한 성적도 볼만하려니와 우리는 이같은 미거가 중도에 폐지됨을 유감으로 하노라.

지금에 이르러는 각 경찰서에 소방대를 설치하여 소방설비가 완성되었거니와 그 전에는 아무 설비가 없는 고로 수원상업회의소에서는 이 또한 공공의 일조로 하여 소방도구와 소방복을 준비하여 상업강습생 중 나이가 있고, 건장한 자로 하여금 일상 소방법을 연습하여 부리 났을 때에는 시간을 낭비하지 않고, 소방에 종사하도록 하였는데, 이는 상업회의소 당국자가 마음 쓰는 바를 자세히 시찰한 즉, 타의 모범할 것이 많더라.

1920년대 수원강습소 당시의 상황은 다음의 조선일보 기사를 통해서 짐작해 볼 수 있지 않을까 한다. 1923년 3월 28일 〈수원상업강습 졸업〉 기사를 보면 다음과 같다.

근근히 지내오며
예칠회 졸업까지
수원 남문안에 잇는 수원상업강습소(水原商業講習所)는 지금으로부터 십사년 전에 수원상업회의소(商業會議所)의 발긔로 창립되여 매우 성적이 량호하더니, 불행이 팔년 전에 상업회의소가 해산하게 됨을따라 동강습소도 존폐에 방황하엿스나 원래 유지인사가 희박하고 단지 돈만 생각하는 수원이라 우리 조선사람의 교육긔관이라고는 적어도 삼천여호외 만여시민이 거주하는 수원에 오직 하나인 고독한 이 강습소가 유지에 곤난함을 알면서도 하등의 방침은 고사하고 방관할 따름이라. 이리하고야 엇지 귀여운 자질에게 원만한 교육을 보급케하리요. 이것을 개탄히 역이는 교사 제씨는 여러 가지 어려움을 무릅스고 유지하기로 단결하고 소소한 백묵 한 개라도 절약하야 비경의 운명이 조석에 잇든 동소를 팔년의 긴 세월을 유지하엿슬 뿐안이라 겨울이 되면 란로불도 완전치 못한 중에 살을 에이는듯한 모진 바람도 능히 막지 못하고 어른 손만 부비면서 주야를 불게하고 백여의 어린 학생을 가리치며 추위에 못견대여 덜덜 뜰고 손이 얼어 연필도 놀니지 못하는 한 어린 학생에게는 뜨거운 피눈물로 몸을 더웁게 하다 십히 하던 바, 작년에는 학생의 수효가 벗셕 늘어서 지금은 삼백여명에 달한다는대 원래 교실이 협착하나 느릴 여망이 엄서 사방으로 방황하더니 삼작 이십일일 상오 열한시부터 동소 대강당에서 보통과 뎨칠회 졸업식을 거행하엿다하니 십유여년의 장시일을 두고 괴로움에 파뭇히든 동 강습소를 생각하고 나의 할일을 아니하며 남에게만 밀우고 등한이 방관하는 수원의 소귀 유력가를 원망하는 동시에 교사 제씨의 열성과 인내력에는 탄복함을 마지 아니하겟스며 이번의 졸업생은 신인복군외 이십오명이라더라

라고 있듯이, 수원상업강습소의 운영이 쉽지 않았음을 짐작해 볼 수 있다.

2) 삼일여학교 학감으로 여성교육의 선봉에 서다.

■ 삼일여학교

삼일여학교 전경(1913년 12월 매향동 110번지 40평 근대식 건물)

　삼일여학교는 삼일남학교와 마찬가지로 수원 보시동의 수원읍교회(수원종로감리교회)에서 시작되었다. 1902년 2월 17일에 남자 3명과 여자 4명이 교회에 등록하였고, 4월 24일에는 19명으로 성장하게 되었는데, 이때 남자 15명을 대상으로 선교목적의 남자매일학교가 운영되기 시작한 것이었다. 그리고 같은 해 6월 3일에 이화학당을 설립했던 스크랜턴 대부인이 초가집에서 어린소녀 3명을 모아 가르침으로 여자매일학교가 시작되었다. 그리고 이렇게 시작된 매일학교는 "수원남자매일학교"와 "수원여자매일학교"라는 이름으로 불려지다가, 얼마 지나지 않아 이하영 등 한국인 신자들에 의해 삼일학당(삼일학교), 삼일여학당(삼일여학교)이라고 불려졌다.

스크랜턴선교사는 1885년 미국 북감리회 소속 선교사로 아들과 함께 한국에 와 24년간 선교활동과 의료봉사에 힘썼으며, 특히 오늘날 이화여고와 이화여대의 전신인 이화학당을 설립하여 한국여성교육의 선구자로 평가되는 인물이다. 그는 선교초기에 이화학당을 중심으로 교육 사업에 힘쓰다가 페인(Paine, Josephine Ophelia :1869~1909), 로드와일러(Rothweiler LouisaC.1853~1921), 프레이(L.E.Frey) 등 여자선교사들이 들어오자 1894년 이후 서울이남 지역을 순회하며 전도사역에 열중하였다. 수원, 용인, 과천, 시흥 등을 돌면서 여성 선교의 가능성을 타진하는가 하면 본격적인 선교를 준비하는 등 미국 북감리교 여선교회의 실질적인 대부인(大夫人)으로서의 역할을 하고 있었다. 수원읍내에 입성하기 전 스크랜턴은 수원순회구역인 장지내와 무지내에 각각 1900년과 1901년에 여자매일학교를 세우고 학교 건물을 마련해 주기까지 하였었다. 그리고 유능한 교사들을 파송하여 교육 사업을 전국적으로 확산시키고 있었다. 특히 수원순회구역은 아들 스크랜턴과 자주 선교여행을 했던 곳으로, 선교의 전망이 있는 교회에서 매일학교 사업을 시작하려는 의욕을 가지고 있던 차에 수원에 세워진 여자매일학교는 수원순회구역 여성사업의 시작이 된 것이었다.

1903년 미국 북감리교 여선교회는 수원지역의 여성 선교와 여학교 활성화를 위해 이화학당에서 학생들을 가르치던 이경숙(李卿淑,1851~1930)을 파송하였다. 이경숙은 스크랜턴선교사의 수양딸이자 이화학당 한국인 최초의 교사로서 스크랜턴을 도와 전도사역에 힘을 쏟고 있었다. 이경숙이 처음 수원으로 부임할 당시에는 여학생 2명 외에 교회를 찾는 사람들이 없었다. 하지만 1년 만에 성도 70명에 여학생은 20명으로 늘어났다. 더욱이 1904년 미국 북감리회 한국선교부가 수원과 이천 지역에 전담 선교사를 파송한 이후부터는 수원선교는 더욱 활기를 띠게 되었다. 또한 경부선 철도가 개통되어 서울과 연결되면서 수원이 경기도의 중심지로 우뚝 서게 되었다. 당시 수원읍교회도 신자 수 160명에, 부녀자가 60~70명으로 크게 증가 하였다. 한편 학생들이 늘어나면서 교실 부족 문제가 발생 되었고, 이 소식을 접한 스크랜턴은 장안동 95번지의 초가집과 부지 350평을 교사로 사용할 목적으로 구입했다. 그리하여 1906년 2월 장안문근처에 있던 수원읍교회가 종로로 이사할 때에 남자학교는 교회를 따라 옮긴 반면, 여자학교는 스크랜턴 선교사가 마련한 장안동의 새 부지로 독립하게 된 것이다.

  이후로도 여자매일학교는 이경숙과 김몌례 등 여성 교사들의 헌신적인 노력으로 60명의 여학생들이 등록하여 공부하고 있었는데, 이는 1년 전에 비해 20명이나 증가한 숫자였다. 1907년 방학식이 종로감리교회 부지에서 열렸을 때에는, 삼일학교와 삼일여학교의 학생들 160명이 참가한 것으로 보아 당시의 발전상을 짐작할 수 있다. 특히 이 방학식에는 서울에서 학무국(현재의 교육인적자원부)차관이 내려왔고, 수원군수와 지역유지 다수가 참관했다는 기록은 주변에서 얼마나 관심이 많았는지를 짐작하기에 충분하다고 할 수 있다.

  한편, 학교 운영에 필요한 경비는 미국 북감리회 여선교회에서 감당하고 있었는데, 1907년에 밀러 선교사가 부임하여 낙후된 학교시설을 개선하는 데 힘을 쏟았다. 또한 미국 북감리회 여선교회장인 스크랜턴의 지원에 힘입어 수원 시내 중심가 매향동 110번지(현재의 매향여자 중학교가 위치해 있는 곳)에 남녀학교와 교회건물, 선교사 주택을 지을 수 있는 넓은 땅도 구입하였다. 이처럼 삼일여학교는 점차 수원지역의 명문 사학으로 발전을 거듭하면서 수원 지역 주민들에게 신지식을 전달하는 통로로서의 역할을 충분히 감당할 수 있었다.

  1908년에는 삼일남녀학교가 더욱 발전하였다. 삼일학교는

1907년 종로로 이사해서 좀 더 많은 인원을 교육할 수 있었고, 삼일여학교는 1908년 집 한 채를 지어 어느 정도 혼잡을 덜 수 있었지만, 임시로 지은 집이었기에 학교 건물로는 너무 초라하였다. 하지만 이때가 교회에서 운영하는 학교의 전성기였다. 수원의 한 1등 관리는 "우리가 수원에서 가장 자랑스럽게 생각하는 것은 당신들이 운영하는 학교입니다"라고 말할 정도였다. 이렇게 삼일남녀학교가 발전하면서 주간에 공부할 수 없는 학생들을 위해 야간학교도 개설하게 되었는데, 1908년에는 주간과 야간을 합쳐 총 210명의 학생들이 공부할 정도로 발전하고 있었던 것이다.

1908년 9월 1일 학교운영에 어려움이 생겨 학교의 경영권이 미국 북감리회 선교부로 이양되었음에도 불구하고, 1908년 8월 "사립학교령"과 "사립학교인정규정"이 발표되자 삼일학교도 1909년 4월 23일자로 설립인가를 받고, 같은 해 7월에는 제1회 졸업생 20명을 배출할 수 있었다. 이후 1910년 6월에도 제2회 졸업생 19명을 배출했지만, 동년 8월 29일 일제의 조선강점이 이루어지면서 그동안 교회를 도와 학교를 이끌어오던 주요인물들이 독립운동을 위해 학교를 떠남에 따라 교회가 단독적으로 학교를 경영할 수 없게 되었다. 따라서 고등과를 폐지하지 않으면 안 되었고, 기존의 수업연한

1년의 심상과를 4년제 보통과로 변경함으로써 "보통학교 체제"로 운영할 수밖에 없었다

한편 삼일여학교는 학교의 면모를 갖추고자 교가도 제정하였는데, 작곡자는 알려지지 않았지만, 교가의 내용을 살펴보면 다음과 같다.

> 산도 높고 물도 고운 반도 강산에
> 우리 학교 우리 위치 널리 빛나니
> 활발한 기상으로 앞서 나가세
> 삼일여학교 만세
> 만세 만세 삼일여학교
> 만세 만세 삼일여학교
> 백절불굴하여 용기 있게 나가세
> 삼일여학교 만세.

당시의 삼일학교와 삼일여학교는 민족의식이 매우 투철하였다. 민족주의자들이 교사로 활동하면서 학교에 국기를 게양하여 애국혼을 일깨우려고 했고, 특히 체조시간에는 일제에 저항하고자 하는 의지를 심어주기 위해 군사훈련까지 시켰는데, 당시 군사훈련을 가르쳤던 교관으로는 구(舊)한국군 출신의 하급 장교 송세호(宋世鎬)부위와 강건식(姜建植)참위가 있었다. 학생들은 체조시간이 되면 양단에 검은 물을 들여

지은 학도복을 입고 검은 모자를 썼으며, 고무신을 신고 군사훈련을 받았는데,수원의 유지들과 종로감리교회 신자들은 수원에 이런 학교가 있다는 것을 매우 자랑스럽게 생각했다. 이를 통해 애국계몽과 민족의식 고양과 국권회복운동을 위한 민족교육을 실시하며 인재양성을 선도하였던 것이다.

그러나 1911년에는 일제의 지배아래 "1차 조선교육령"의 지침에 따라 삼일학교의 교과과정 역시 변경되었다.1915년 사립학교로서 정식 인가를 받은 동시에 기존의 17개 과목이 13개 과목으로 축소되었던 것이다. 즉 성경,한문,영어,산술,지리, 국문, 체조 및 훈련, 수신, 역사, 작문, 국어, 측량, 도화, 창가, 생리, 광물, 물리 등 17개 과목의 교육과정이 역사, 지리,측량 등의 과목이 빠지면서 13개 과목으로 축소되고 도화, 수공, 농업초보, 상업초보 등의 실업 교과과정이 추가되었다.*

---

* 김유숙, 『매향100년사』, 2006.

■ 삼일여학교 학감

교정에서의 김세환(오른쪽 끝)

김세환은 수원강습소에서 교육자로 활동하는 한편 수원의 대표적인 기독교 여학교인 삼일여학교에서도* 교사로도 근무하였다. 당시 수원지역에는 김세환만큼 학식을 소유한 지식인이 드물었기 때문이 아닌가 한다. 게다가 김세환은 기독교인이기도 하였다.

밀러 교장

김세환은 1913년부터 삼일여학교에 교사로 활동하게 된다. 당시 삼일여학교 교장은 여선교사 밀러(Miller Lula Adelia) 였다.** 김세환이 부임한 1913년 12월 삼일여학당 건물이 완

---

* 삼일여학교에 대하여는 다음의 논문이 참조된다. 김형목, 「3·1운동전후 수원의 여성운동과 삼일여학교」, 『수원지역여성과 3·1운동』, 경기도, 2008.
** 김유숙, 『매향100년사』, 2006을 일정 부분 참조하였다.

공되었다. 이 건물은 수원 역사상 처음으로 지어진 근대식 교사였다. 처음 지을 때에는 단층으로 40평 작은 교실에 페치카(난로)를 넣어 설계하였다. 교사확보가 워낙 시급한 과제였기 때문에 좀 더 많은 기금을 확보하지 못해 단층으로 지을 수밖에 없었다. 단층의 40평 건물이었지만 학생들과 선생님들에게도 천국과 같았다 그동안 추운 겨울에도 마루에서 가르치고 배워야 했으나, 이제 커다란 난로가 있는 건물로 이사하게 되었으니 얼마나 행복했을까. 이런 행복한 심정은 1914년 6월 미감리회여선교회 연례회의에 보고한 교장 밀러의 보고 속에 잘 나타나 있다. 밀러는 다음과 같이 언급하고 있다.

> 수원학교 건물이 12월에 완공되었고 학교는 크리스마스 이전에 완전히 이사했습니다. 수년 동안 여학생들은 겨울 내내 건물입구 현관에서 공부했습니다. 나는 그들이 편안하게 입주한 것에 대해 기쁘게 생각합니다.

이 건물이 완공되었을 때 밀러는 순회선교여행도 중 말에서 떨어져 심각한 부상을 입고 있었다.

1913년 삼일여학교가 장안동 교사에서 현재 매향학교 자리로 옮기게 되었다. 밀러교장은 매향동에 새로운 시대를 열면서 학교의 교육목표를 담은 교훈을 만들었다. 교훈은 '경천애인'(敬天愛人), 즉 하나님을 경외하고 사람을 사랑하라는 의미이다. 이는 예수님의 가르침을 핵심적으로 표현한 마태복음 22장 37-39절을 근거로 한 것이다. 선교사들이 들어와 학교를 설립한 목적이 바로 예수님의 가르침을 가르쳐 실천케함이었다. 학생들이 이런 그리스도의 정신을 이해하고 그뜻대로 살고자 하는 것이 이 학교의 교육목표가 됨은 당연하였다.

바로 이러한 시기인 1913년에 삼일여학교로 부임한 김세환은 학교의 발전 위하여 큰 힘이 되었다. 밀러는 1914년 3월 지방을 순회하던 중 나귀를 타고 개울을 건너다 넘어져 오른팔 골절상을 입었다. 손가락 조차 움직일 수 없는 중상으로 국내치료가 어렵다는 판단에 영국에서 치료받기로 하고 1914년 7월 안식년 휴가를 떠나는

밀러교장 기념비(1960년)

샤프(H. Scharpff)와 동행해서 영국으로 가던 중 독일 함부르크에 들렀다가 그곳 독일인 의사에게 수술을 받고 완치되어 1915년 8월에 돌아왔다. 그동안 2년에 가까운 시기를 김세환이 학교를 운영관리하는 책임을 맡게 되었던 것이다.

밀러가 없는 삼일여학교에서 김세환의 활동은 귀국후 1916년 밀러의 다음과 같은 보고를 통해 짐작해 볼 수 있다. 밀러선교사의 1916년의 보고는 그녀가 말에서 떨어져 멀리 독일에 가서 수술하고 돌아온 후 달라진 학교의 모습을 기술한 글이다.

> 수원여학교는 우리의 자랑이다. 학교는 우리의 유능한 학감선생의 지휘 하에 꾸준한 발전을 보이고 있다. 내가 한국을 떠날 때 학교 부지는 텅 비어 있었다. 그런데 돌아오고 보니 아름다운 나무 그늘로 덮여 있었다. 많은 나무와 꽃들을 옮겨다 심었고 새로 산책로도 냈다. 우리 교사 김씨는 학교 건물 벽에 도드라진 한국지도를 조각해 붙임으로 방문객들의 시선을 집중시키고 있다. 그는 또 학교 앞 쪽에 흐르는 개울 위로 다리를 놓아 장마철에도 학생들이 건널 수 있도록 해 놓았다. *

---

* 수원 지구 선교 및 주간 학교, 루루 A. 밀러(L.A.Miller,"Evangelistic Work and Day School on Seoul and Suwon District". KWC, 1916, 42 쪽)

KOREA WOMAN'S CONFERENCE

1916

1916년 연례 보고서 1

EIGHTEENTH

Annual Report

OF THE

KOREA

WOMAN'S CONFERENCE

OF THE

METHODIST EPISCOPAL CHURCH

❧ ❧ ❧

SEOUL

MARCH 9-14, 1916

CONTENTS.

	Pages.
Officers and Members	4
Minutes	5
Evangelistic and Educational Work on Chemulpo District, and the Chemulpo City Day School, Margaret I. Hess	11
Evangelistic Work and Day Schools on Haiju District, Written by Gertrude E. Snavely	15
Report of Lucy J. Scott Girls' School of Haiju, Minnette E. Norton and Mrs. A. H. Norton	20
Yeng Byen District Educational and Evangelistic Report Ethel M. Estey	21
Evangelistic Work and Day Schools on Kongju East and West Districts, Blanche Bair	25
Pyeng Yang Educational Report, for 1915-1916, Grace L. Dillingham	30
Hospital of Extended Grace to Women, Rosetta S. Hall, M. D.	37
Evangelistic Work and Day Schools on Suwon District, Lulu A. Miller	39
Report of Wonju and Kang Neung Districts, Mary R. Hillman	44
Ewha Haktang, 1916, Lulu E. Frey	49
Seoul Evangelistic Work, Jessie B. Marker	56
East Gate Medical Work, Mary S. Stewart, M. D. Naomi A. Anderson, Graduate Nurse	60
The Woman's Bible Training School, Millie M. Albertson	62
Course Adopted for Woman's Bible Study Classes	67
Home Study Course	68
Appointments	70
Statistics	

1916년 연례 보고서 3

KOREA WOMAN'S CONFERENCE 39

Deprived of the services of Mrs. Yi-we-sang since last Annual Conference and with Dr. Cutler on furlough, I have been forced to overwork all this Conference year, and for the past month have been suffering severely for it. My brain feels like a sprained joint, so that it hurts even to think, much more to force thoughts into expression. So you will kindly excuse me if I add no flesh to this skeleton of a report, and pray you all to do what you can to find present relief for our hospital work, and for the future to guard against like trouble for the work's sake. Make use of all the medical women licensed to practice in Korea, and encourage many young Korean women to study medicine. As I saw stated recently, "It is as natural for a woman to be a doctor as it is for her to be a mother."

EVANGELISTIC WORK AND DAY SCHOOLS ON SUWON DISTRICT.

LULA A. MILLER.

Having arrived in Korea late in August, there are but six months of work to report. In some ways this time has been the happiest of all my years of service, for I have received in a very new way His commission "Go ye." It was a joy indeed to be privileged to return to the people who had unceasingly prayed for me during my long months of suffering.

Itinerating. Soon after reaching Korea Miss Hillman decided to go to Wonju, but kindly offered to work with me on the Suwon District until Christmas. I appreciated this, for during 18 months nothing had been done for the women of the District, except two classes held by Miss Marker and one by myself after my accident. During the classes held this winter the women have shown a marked advance in their ability to grasp the teaching given. No Institute was held last Spring, but next June will be given to this work. The Home Study Course is being appreciated more and more by the women of the District. 112 names are enrolled; during the past six months 52 examinations have been held, and as many certificates given out. A few days ago in Chemulpo the first class was graduated from the Course.

Bible Women. I am unable to express in words all that my Bible women mean to me. What could I do among the 128 churches and prayer meeting groups without their help ? Their work often takes them over high mountain passes, through deep snows, and across swollen streams. So faithful are they that I am obliged to tell some of them to remain at home and rest for a while. Last year while I was at home on furlough, Annie. our beloved Bible woman, our friend and co-worker left us for the better land. She had worked unceasingly for months, and was so utterly exhausted that she was unable to resist the cold which fastened itself upon her. She was a woman of rare judgment, and a real intercessor. The saying that God buries his workers but carries on His work, is again proven true ; Sin Seung has taken up the work, and I have visited in the homes with her. I have been pleased with her winning manner, as she approaches the women. Mrs. Lawton has charge of the evangelistic work in Whado church, directing the Bible woman, calling in the homes, and attending the Sunday services.

Day Schools. On the District are 6 day schools, with a total enrollment of 254 girls. We are proud of the Suwon school. Under the direction of our efficient head teacher, the school has steadily advanced. When I' left Korea, the grounds were perfectly bare, but upon our return

KOREA WOMAN'S CONFERENCE

we found them to be a bower of beauty. Many trees and flowers have been planted, new walks have been laid, and Mr. Kim, the teacher, has made at the side of the building, a relief map of Korea which attracts the attention of all visitors. In front, across the little creek by the school, he has built a bridge high enough to span the stream, even in the rainy season. We have the new building, ample grounds, and a good corps of teacher, but also one great difficulty. The cost of maintaining this school per year, not including fuel, is $270.00, and we receive but $60.00 from the Society. Surely some heart will be opened to supply this need before many months have passed. The other 5 schools are struggling for existence. Two of them have but one teacher each, while the others have the whole time of one and only half the time of a second teacher. We very much need the full time of 2 teachers for each of the 5 schools. The Suwon school can not possibly be maintained by so small a number of teachers.

In Yechun we are in special need of a new school building. The school is now housed in a native dwelling house. All four grades and the Primary department are huddled together in one room, with only paper pasted over doors and windows to admit light. This one room is heated by a smoky little stove, and the yard in so small that the children can hardly get into it, when all are assembled.

For our children's Christmas, we received a goodly number of packages from the Standard Bearers, and from the "Korea Circle" of Stamford, Connecticut, a large box for the Suwon school girls. For these, for gifts of money for special work, for an organ which is on its way to me from my home church in Little Falls, N. Y., I am thankful. I am looking forward to the coming year with a larger expectation, and I trust with a firmer faith for God's blessing upon His church.

1913년 매향동으로 이전하면서 텅 빈 운동장에 김세환은 각종 나무와 꽃을 심어 조경작업을 착실하게 해나갔다. 그리고 산책로도 내었다. 김세환은 미적 감각이 뛰어난 선생이었다. 더욱이 학교 건물 벽에 한국지도를 붙임으로 한국학생들에 은연 중에 나라사랑의 정신을 일깨워 주었다. 1917년 밀러의 보고에서도, 김세환의 헌신과 당시 삼일여학교의 모습이 잘 정리되어있다.

> 수원학교는 계속 성장하고 있으며, 학교의 과잉수용이 문제입니다. 이번 봄에 작은 한옥건물을 짓고 있는데, 이 건물이 증축되면 1-2년 동안 충분한 공간이 생길 것으로 기대됩니다. 하지만 김학감선생께서는 벽돌 건물을 즉시 확정해야 한다고 말씀하셨습니다.[*]

1917년도 위의 기록을 보면, 학교를 옮긴 이듬해 학생수가 배로 늘었다. 또 다시 교실의 부족을 느끼게 되었고, 입학을 원하는 학생을 다 받지 못해 어려움을 겪게 되었다. 1918년의 기록은 다음과 같다.

> 수원 학교는 계속 잘 성장하고 있습니다. 현재 재학생은 175 명입니다. 지난 여름 본관 건물에 2층을 증축할 때까지 임시건물을 지

---

[*] L.A.Miller, REPORT OF SUWON DISTRICT, KWC,1917, 69쪽

었습니다. 올해초 미국으로부터 반가운 소식을 받았습니다. 오랫동안 기도해 오던 본관 증축공사를 위한 건축비를 보내준다는 것이었습니다. 증축공사는 거의 끝나서 한 달 안에 새 건물을 사용할 수 있을 것입니다. 이후로 이 건물은 '메리 미첼 추모관' (Mary Michtchel Memorial) 이라 부를 것입니다.

몇달 전에 수원에서 하루를 보내고 있을 때 부인 한 사람이 학교로 가서 김세환 선생이 무엇을 하고 있는 가를 살펴보러 가자고 제안했습니다. 가서 보니 그곳에는 양잠을 가르칠 모든 준비가 되어 있는 한 작은 집이 있었습니다. 김세환선생은 무엇을 하고 있다는 것도 말하지 않고 이것을 지었습니다. 더욱이 놀라운 것은 이 시설을 하는데 드는 비용을 청구하지 않았다는 것입니다. 몇 년 전 학교 부지에 뽕나무를 심었으므로 김세환 선생은 상급반 학생들과 함께 내년 봄부터 누에를 키우기 시작하게 될 것입니다.*

위 보고서를 통해 몇 가지 사실을 알 수 있다. 첫째, 김세환이 학교에서 조금 떨어진 곳에 양잠실습장을 짓고 학생들을 가르쳤다는 사실을 알 수 있다. 일제의 강점 이후 한국인들의 생활은 날이 갈수록 피폐해갔다. 비록 초등학교지만 학교를 졸업해서 실질적으로 자기 생활에 보댐이 되는 기술을 배우는 것이 시급했다. 김세환은 이런 실업교육을 중요성을 인식하고 가끔 들르는 밀러 교장에게 보고하지 않고 학교에서

---

* L.A.Miller, REPORT OF SUWON DISTRICT, KWC, 1918, 65-64쪽.

얼마 떨어진 작은 집에다 양잠을 시설을 해 놓고 학생들을 가르칠 준비를 하고 있었다.

당시 한국에서는 양잠은 대단히 중요한 산업이었다. 그러므로 신문들에서도 양잠업의 중요성을 언급하고 있다. 조선일보의 기사들을 통하여 수원지역의 사례를 짐작해 볼 수 있을 듯 하다.

> 조선일보 1923년 9월 21일
> 양잠업 선전
> 수원군 의왕면장 유근순씨는 피임된 이래 면민의 생활정도를 향상케하며 차(此)에 종(從)하야 생산력을 풍부케하고져 양잠업을 대대적 규모로 선전하는 중인 바, 위선 자신으로 실제를 경영한 후 학리적(學理的) 계산으로만 생산량 미소(微少)하지 안이한가를 경험하겟다는 각오로 금춘(今春)에 상전2만본(桑苗二萬本)을 식재(植栽)하야 방금 실제 활용 중이라는 바, 해면장(該面長)의 가상한 지기(志氣)와 민활(敏活)한 행동을 칭송이 자자하다더라(수원)

> 조선일보 1927년 11월 18일
> 수원여자 잠업 강습소
> 강습생 모집
> 수원여자잠업강습소에서는 명년(明年)에 약 40명의 생도를 모집할 터이라는 바, 평안남도로부터는 급비생(給費生) 2명, 사비생(私費生) 1명을 채용할터인 바, 자격은 잠업전습소 졸업자를 주로 한다 하며 지원자는 12월 15일까지 평양부청(平壤府廳)으로 원서를 제

출하라더라(평양)

한편 김세환은 학생들의 편의를 위해서도 지속적인 노력을 전개하였다. 다음의 1926년 여선교회 보고서에서도 이를 짐작해 볼 수 있다.

1926년 보고
5월 21일 수원학교는 조선총독부로부터 등록통지를 받았습니다. 학부모회는 400엔이 넘는 비용을 들여 학교부지 앞 개울에 다리를 놓았습니다. 이 개울은 장마철이면 거센 물줄기가 되어 아이들은 다른 다리를 건너기 위해 개울을 따라 먼길을 걸어야 합니다. 예전에 학교를 위해 많은 시간과 노력을 쏟았던 김세환선생은 이제 학교 운영을 감독할 뿐만 아니라 대부분의 작업을 직접 수행하고 있습니다.

위의 보고서를 통해 볼 때, 김세환이 학교운영 감독도 실행했음을 짐작해 볼 수 있다.

> On May 21st, the Suwon school was notified of its registration by the Government. The Parent's Association is putting a bridge across the creek in front of the school property at a cost of over 400 yen. This creek becomes a raging torrent in rainy season and the children then, are obliged to walk a long way up and down the creek in order to cross by other bridges. Mr. Kim Si Whan, who in former years gave so much of his time and strength to the school is not only superintending the work but is doing much of it himself.

선교사보고원문(1926)

『매일신보』 1937년 6월 30일. 4면 2단 기사.

"불초 내가 조선에 온지 36년이오. 수원에 파송을 받아 제위에 누됨이 30년이라. 그동안에 많은 애호를 감사하오며 본교 창립 35주년을 당하오니 감개가 무량할 뿐입니다. 본교 35주년 기념을 위하야 만은 원조와 수고를 하신 여러분의 후의는 백골난망이오나 굽히여 나가서 일일이 사례치 못함을 너그러이 용서하심을 바랍니다. 이제부터 1년이나 혹은 2년 후에는 고국에 돌아갈터인 고로 매양 염려되는 것은 학교가 기본이 되지 못하는 것을 보고 어찌 떠날 수가 있을까 하였더니 금번 수원 유지 제위와 졸업생 여러분의 동정과 열성이 본교에 집중 되심을 보니 이제는 여한이 없는가 합니다. 미약하나마 30여년 길 이어온 이 학교의 장래가 여러분의 손에 크게 빛나게 되기를 바랍니다."

제2장

독립운동의 여정
: 3·1운동 민족대표
48인이 되다

■ 3·1운동에 참여하다

김세환의 3·1운동 참여는 박희도와의 인간관계에서 시작되었다. 학감으로 학교운영문제로 서울을 오고 가던 그는 미감리회 전도사로 서울 YMCA에서 학생부 간사로 청년학생들을 지도하던 동갑네기인 박희도와 친밀한 관계를 갖기 시작했다. 그것은 그와 자주 만나는 동안 서로 신앙과 인격에 공감을 가지게 되었던 것이 큰 원인이 되었다. 1919년 2월 10일 김

박희도(1920, 동아일보)

세환은 박희도를 만나게 되었다. 그것은 삼일여학교 교사의 충원문제 때문이었으나 보다 중요한 이유는 박희도가 독립운동을 한다는 말을 듣고 그의 말을 듣기 위해서였기 때문이 아닌가 추정된다.

박희도를 만난 김세환은 그에게서, 지금 민족자결주의가 제창되고 있으므로 조선독립을 할 때라는 말을 듣고 그 말에 동의하였고, 그 자리에서 독립만세운동의 계획을 전해 듣게 되었다. 김세환이 박희도를 통하여 들은 내용은 1919년 2월 경기도 이천에서 남양교회 목사인 동석기가 박희도로부터 전해들은 내용진술을 통해 짐작해 볼수 있을 것 같다. 이를 보면 다음과 같다.

문: 맨 처음 그대가 이천에서 박희도를 만난 것은 언제인가.
답: 2월 10일경으로 생각된다.
문: 어떻게 해서 이천에서 박희도를 만나게 되었는가.
답: 이천교회에서 사경회가 있었을 때 만났다.
문: 그때 박희도는 무슨 말을 하던가.
답: <u>그때 박희도는 이태왕(李太王)의 국장을 당하여 천도교의 손병희 등이 운동을 하고 있으니 예수교도도 그때에는 찬성하지 않으면 안되겠지만 그 상세한 것에 대해서는 뒷날 말하겠다고 하였다.</u>

문: 어떤 운동을 한다고 하던가.
답: 민족자결 같은 말을 하였으나, 그것도 분명하게는 말하지 않고 머지않아 자세한 말을 하겠다고 했을 뿐이다.
문: 그때 동경의 유학생 수백 명이 독립운동을 하였고, 우리 조선에서도 천도교에서 그러한 계획을 하고 있으므로 그것이 일어났을 때에는 예수교도도 함께 일을 하지 않으면 안된다고 박희도가 말하지 않던가.
답: 그렇게 말하였으므로 나는 그것에 찬성했던 것이다.

위의 기록을 통해 볼 때, 김세환도 박희도로부터 동경에서의 2·8독립선언 소식, 천도교와의 연합 등 여러 내용을 들었을 것으로 추정된다. 김세환은 이에 참여할 것인가를 놓고 고민한 끝에 마음속으로 결단한 그는 2월 18일부터 서울로 올라가 박희도를 수차례 만나 독립운동에 대해 상의하였으며, 이 과정에서 여기에 참여하는 인물들과 모임에 참석하여 독립만세운동에 대해 토의하기 시작했다. 2월 20일에는 드디어 독립만세운동에 정식으로 참여할 것을 결심하였다. 그 다음날 그는 이갑성의 집에서 열린 회의에 참석하였다. 이 자리에서 독립만세운동을 전 민족적이

이갑성

고 전국적으로 펼쳐나갈 것인가를 구체적으로 논의하였다. 여기에서 김세환은 지방 사람들에게 독립운동계획을 알리고 동지를 모집하는 역할을 맡게 되었으며, 특히 수원과 충청 지역의 운동을 준비하는 '순회위원'이란 책임을 맡게 되었다.

그리하여 이후 김세환은 해미읍 감리교회에서 열린 사경회를 인도하러 온 홍성교회의 김병제 목사에게 운동계획을 설명하고 민족대표로 참여해 줄 것을 부탁하여 승낙을 받았고, 수원으로 돌아와 남양교회의 동석기 목사를 만나 운동계획을 설명하고 승낙을 받아낼 수 있었다. 당시 남양구역의 책임자로 평소 사강·비봉 지역의 여러 교회들을 순회하면서 교회를 위한 목회 활동 이외에도 평소에 민족정신을 고취하던 동석기 목사는 일찍이 10년동안 미국 유학을 다녀온 까닭에 영국과 미국의 외교관들과 친분이 있었고 당시 세계정세에 대해 누구보다 잘 알고 있던 사람이었기 때문에 쉽게 승낙을 했던 것이다. 다음날 이천교회 이강백 목사를 만나 승낙을 받았고, 이후 오산교회의 김광식 목사를 만나 역시 승낙을 받았으며, 마지막으로 그가 다니던 수원 종로교회의 임응순 전도사를 만나 승낙을 받아 냈다.

그런데 동조자를 얻은 김세환은 민족대표로 서명하고 참

여기로 되어 있었으나 서울 도착이 늦어짐에 따라 독립선언서에 기명하지 못하게 되었는데, 그것은 그의 서울 도착 전에 이미 독립선언서의 기명이 모두 끝났기 때문이었다.

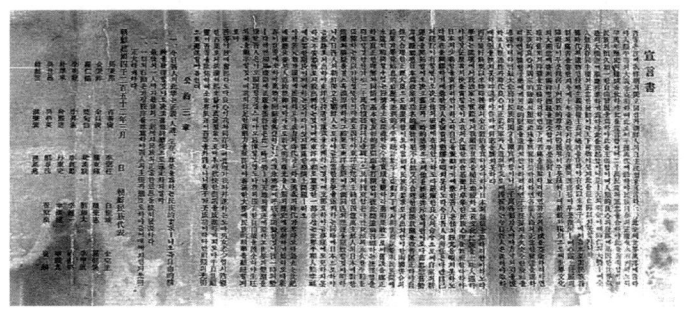

독립선언서

김세환은 3월 1일 아침 서울 상황을 직접 파악하기 위해 서울로 올라갔다. 이날 2시경 서울 파고다 공원에서 독립선언서 낭독을 지켜본 그는 독립만세시위에 참여했다. 그러나 결국 3월 12일 서울 당주동 숙소에 있다가 체포되어 투옥되었다.

투옥된 김세환은 심문을 받고 검찰에 회부되어 재판을 받았다. 재판 과정에서 그는 기개를 잃지 않고, 법정에서 조선 독립의 당위성을 당당하게 밝혀 이를 지켜보던 한국인들에게 큰 감동과 울림을 불러일으키기도 하였다. 1920년 10월

파고다공원

서울에서의 만세운동

30일 경성지방복심법원에서 구류 360일 만에 그는 송진우 현상윤, 김도태 등과 함께 '증거불충분'의 이유로 무죄를 언도받고 풀려 나왔다.*

■ 신문조서를 통해 본 김세환의 3·1운동

민족대표 48인 중 한 사람으로 알려진 김세환의 신문조서들이 남아 있어 그의 삶과 3·1운동 참여계기, 활동 등에 대하여 살펴볼 수 있다. 이를 통해 당시의 상황을 보다 생동감있게 공유하고자 한다. 먼저 주목되는 것은 김세환이 서울에서 체포된후 1919년 3월 15일 처음으로 취조를 받았을 당시의 조서이다, 이를 보면 다음과 같다.

1) 김세환취조서(1919년 3월 15일)

피고인 김세환
〈대정 8년(1919년-필자주) 3월 15일, 경성지방법원 검사국, 검사 山澤佐一郞, 서기 姜〉

---

* 김권정, 「일제강점기 김세환의 기독교민족운동」, 『숭실사학』 18, 2005. 김도태, 「나의 회고담」, 삼십번째 삼일절을 당(當)하여.

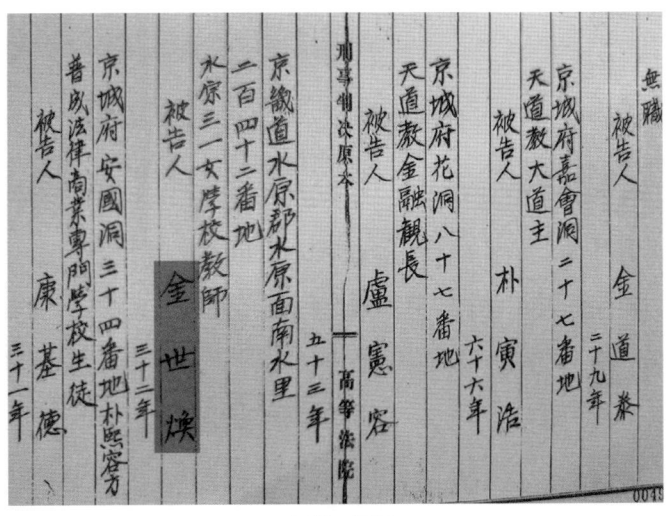

김세환 판결문

문: 성명, 연령, 신분, 직업, 주소, 본적지, 출생지는

답: 김세환 32세, 수원 삼일여학교 교사

주소 경기도 수원군 수원면 남수리 242, 본적지 출생지와 동상(同上)

문: 위기, 훈장, 종군기장, 연금. 은급, 공직을 가졌는가

답: 없다

문: 지금까지 형벌에 처한 일이 있나

답: 없다

문: 종교는

답: 북감리파 신도이다.

문: 그대는 대정 8년 3월 13일 경무총감부에서 보안법위반 피고

사건으로 相內警部에게서 취조를 받을 때, 공술한 것이 틀림
없나
답: 틀림 없다

위의 기록을 통하여 김세환이 1919년 당시 32세로, 수원 삼일여학교 교사이며, 주소는 경기도 수원군 수원면 남수리 242번지임을 확인할 수 있다. 아울러 기독교 북감리파 신도이며, 3·1운동시 체포되어 1919년 3월 13일 경무총감부에서 보안법 위반으로 1차 취조를 받았음도 파악할 수 있다.

2) 김세환취조서(1919년 3월 18일)

〈제2회 조서, 대정8년 3월 18일, 경성지방법원 검사국, 검사 산택좌일랑, 서기 山本〉

문: 본년 3월 1일 조선독립만세를 부르면서 시가지를 행진하였는가
답: 종로서 무교정(武橋町) 경성일보사 앞까지 갔었다.

라고 하여 김세환은 파고다공원부터 무교동 덕수궁 인근 경성일보사까지 3·1운동 만세행진에 참여하였음을 밝히고 있다. 이어진 검사의 질문에서 김세환은 당당하게 자신이 3·1운동에 참여한 계기와 참여과정 그리고 역할에 대하여 다음과 같이 진술하고 있다. 이 부분은 김세환의 3·1운동 참여를

가장 간결하게 잘 보여주는 부분이 아닌가 판단된다.

> 문: 피고가 야소교도와 천도교도가 학생과 같이 독립운동을 한다는 것을 알게 된 것은 어느 때인가
> 답: 2월 10일경 박희도에게서 들었다.
> 문: 그때 어찌하여 그런 말을 들었는가
> 답: 나는 <u>삼일여학교 교사로 있으므로 교원 한사람을 구하러 박을 찾아간 즉,</u> 동인은 지금 민족자결주의가 제창되고 있으므로, 조선독립을 할 때라고 말하여 찬성하였다.
> 문: 2월 22일 경 어떻게 그 운동의 사실을 알았는가
> 답: 교원을 구하여 달라고 부탁할 겸 또한 독립운동을 한다는 말을 들었기 때문에 박희도에게 갔더니 박희도가 말하기를 너는 이 계획을 지방사람에게 알리고 동지를 모집하라고 하면서 여비로 20원을 주어서 충남 방면으로 갔었다.

즉, 김세환은 2월 10일경 삼일여학교 교사를 구하기 위하여 당시 서울에서 YMCA간사로 있던 박희도를 만났다고 진술하고 있다. 그리고 그때 박희도로부터 윌슨의 민족자결주의 소식을 듣고 만세운동에 참여하기로 결심한 것으로 밝히고 있다. 아울러 여비 20원을 받고, 경기도와 충청도지역의 교회지도자들에게 만세운동 계획을 전달함과 아울러 서명자들을 모집하는 임무를 받았던 것이다.

박희도로부터 임무를 부여받은 김세환은 경기도와 충청도

로 이동하여 동지모집에 나섰다. 이 부분은 박희도와 김세환의 논의에 의하여 이루어진 것으로 보인다. 이들은 모두 감리교 기독교 신자들이었고, 김세환이 수원지역을 중심으로 활동한 인물이었으므로, 경기, 충청지역의 감리교 중심지역인 수원, 남양, 오산, 이천, 공주, 홍성 등지를 중심으로 동지모집에 나선 것은 자연스러운 귀결이 아닐까 생각된다.

> **문:** 그 때 어찌하였는가
> **답:** 해미서 목사 김병제를 만나 세계 대세를 말하고 독립운동을 계획하나 찬성하여 달라고 하여 동인의 찬성을 얻고서 27, 8일 경성서 만나기로 하였다. 그 다음 공주에 가서 현석칠을 찾았으나 만나지 못하고 돌아와서 박희도에게 보고한 후, 남양으로 갔었다. 거기에서는 동석기를 만나서 찬성을 얻고 이천서는 이강백을 찾아, 찬성을 얻었고, 오산에서는 김광식의 찬성을 얻었으며, 수원면에서는 임응순에게서 찬성을 얻었다. 그리고 경성에 동석기와 두사람이 오기로 하였다. 그러나 그 사람들이 찬성날인 한 것은 시기가 지났기 때문에 소각하였다.

즉, 김세환은 충남 해미에서 김병제 목사를, 공주에서는 현석칠 목사, 남양에서는 동석기, 이천에서는 이강백, 오산에서는 김광식, 수원에서는 임응순을 각각 만나고자 하였다. 그러한 과정에서 다른 지도자들은 모두 만났으나 현석칠 목사만 만나지 못한 것으로 진술하고 있다. 이어서 김세환은 1919년 3월 12일 만세운동에 참여한 후 서울 당주동에서 체포되었음도 언급하고 있다.

문: 그후는 무엇을 하였나
답: 12일까지 당주동(唐珠洞)에 있다가 체포되었다.

2차 심문조서에서 특별히 주목되는 것은 김세환이 대한제국시대 관립한성외국어학교를 졸업한 당대의 대표적인 지식인이라는 점과 아울러 검사의 〈피고는 금후도 조선독립을 위하여 활동할 것인가〉라는 질문에 대하여 당당하게 〈그렇다〉라고 강한 어조로 언급하고 있는 점이다. 이는 김세환의 단호한 의지를 표현한 것으로 그가 신앙과 지식을 토대로 독립에 대한 강한 의지를 표출한 것으로 판단된다.

문: 피고의 학력은
답: 한국시대 외국어학교를 졸업하였다.
문: 피고는 금후도 조선독립을 위하여 활동할 것인가
답: 그렇다

3) 김세환의 예심(1919년 5월 20일)

김세환은 1919년 3월 12일 당주동에서 체포된후 3월 중 검사로부터 2번에 걸쳐 신문을 받은후 예심에 넘겨졌다. 그리하여 1919년 5월 20일 예심을 받게 되었다. 예심에서는 김세환의 3·1운동 참여과정 등이 보다 구체적으로 언급되고 있어, 그의 3·1운동을 좀더 구체적으로 이해하는데 큰 도움을 준다. 특히 1919년 2월 21일 세브란스에서 이루어진 회합상황은 밝히는데 그러한 것으로 판단된다. 일단 예심판사는 피의자 본인임을 확인한 후, 1919년 2월 21일 세브란스 모임에 참여자 및 본인의 참여여부를 확인하고 있다.

〈피고인 김세환, 대정 8년(1919년) 5월 20일, 경성지법원 예심계, 예심판사 永島雄藏, 서기 磯村仁兵衛〉

문:; 성명은

답: 김세환이다.

(중략 검사국문답과 동일하므로)

문: 본년 2월 21일 세브란스병원에서 회합할 때, 피고도 참석하였는가

답: 그렇다 박희도, 함태영, 이갑성, 신홍식, 이승훈, 안세환의 성명을 알지 못하는 사람도 있었다.

문: 오화영, 오기선, 현순 등도 회합하였는가

답: 성명을 모르게 때문에 오고 않은 것을 알지 못한다.

즉, 위의 기록을 통하여 박희도, 함태영, 이갑성, 신홍식, 이

승훈, 안세환 등이 참여하였음을 확인할 수 있다. 아울러 오화영, 오기선, 현순 등의 참여 가능성도 열어두고 있다. 박희도, 함태영, 이갑성 신홍식, 이승훈, 안세환 등 참여 인물들은 3·1운동을 주도한 대표적인 인물이다. 이들과의 회합에 김세환이 참여하였다는 것은 당시의 김세환의 비중도를 짐작해 볼수 있는 대목이 아닌가 한다. 한편 세브란스병원에 모인 인적 구성에 대하여는 박희도 등 참여인물들에 대한 신문과정에서도 보다 상세히 밝혀지고 있다. 아울러 판사는 세브란스 병원회합시의 회의내용에 대하여 집요하게 질문을 던지고 있다. 사실 이 회의는 3·1운동의 전개과정과 주도세력, 만세운동의 방법론 등을 밝히는데 중요하기 때문이다. 김세환은 판사의 질문에 대하여,

문: 그때 어떠한 말을 하던가
답: 조선독립에 대하여 협의하였는데, 정부나, 총독부. 파리강화회의에 서면을 보내자는 것을 들었다.

라고 하여, 조선독립에 대하여 협의하였음과 일본정부, 조선총독부, 파리강화회의에 서면을 보낼 것을 결의하였음을 밝히고 있다. 이어서 동지모집과 각자의 역할에 대하여 진술하고 있다.

문: 동지모집에서 승낙하는 사람은 각각 그 인장을 받기로 하였는가
답: 그렇다
문: 피고는 어떤 지방으로 갔었나
답: 나는 충청남북도와 수원지방으로 가기로 하였다.

라고 하여, 자신은 수원지방과 충청남북도를 맡기로 하였음도 보여주고 있다. 아울러 다른 동지들의 역할에 대하여도 언급하고 있다.

문: 그때 신홍식은 평양, 이갑성은 경상남북도로 가기로 하고, 현순은 강화회의에 보낼 서면을 가지고 상해로 가기로 하였다.
답: 그런 말이 있었다.

즉, 신형식, 이갑성, 현순 등의 역할에 대하여 언급하고 있다. 이를 통해 볼 때, 세브란스 회의에는 신형식, 현순 등도 참여하고 있음을 알 수 있다. 특히 현순의 상해 파견 등을 보면, 이회의의 중요성을 생각해 볼 수 있다. 현순은 자신의 회고록에서* 당시의 상황을 다음과 같이 언급하고 있다.

어느 날 내가 종로 청년회관[YMCA]과 기독신보사를 차례로 방문

---

* Soon Hyun, 《MY AUTOBIOGRAPHY》. 현순에 대하여는 한규무의 논문이 참조된다. 「玄楯(1878~1968)의 인물과 활동」, 『국사관논총』 40, 1992.

하고 주필 김필수 목사와 길동무하여 남대문 밖 제중원[세브란스 병원] 약방 주임 이갑성 사저에 나가본 즉, 부정기 모임에 회합한 인사들은 김필수, 이승훈, 함태영, 이갑성, 안세환, 오기선, 박희도, 현순 등이었다. 일시는 2월 19일 오후 2시 경이요 토의의 큰 주제는 독립운동이었다. 해외로부터 지금까지 들어온 소식을 종합하면 2월 8일에 일본 동경에서 이광수, 최팔용 등이 유학생을 움직여 독립을 선언하였다 하며, 미주에서는 이승만을 파리에 파송하여 평화회의에 조선독립을 요구하였다 하고, 중국 상해에서는 신한청년당에서 김규식을 파리에 파견하였다 함이라. 해외에서 운동을 앞서서 행하였으니 국내에서는 거국 일치적 운동을 필히 행해야겠다 하고 밤새워 토의하였다. 김필수는 토의 중에 귀가하고 이승훈, 함태영, 이갑성, 안세환, 오기선, 박희도, 현순 등 7인이 기독교회를 대표하여 간부를 조직하고 천도교회와 합동 운동하기로 결의하였다.

다음으로 판사측은 기독교와 천도교의 연합에 대하여 추궁하고 있다. 그러나 김세환은 아래에 언급하고 있는 바와 같이 즉답을 피하고 있다.

문: 독립운동은 천도교와 야소교가 연합하여 운동을 하기로 하였나
답: 그런 말이 있었는지 기억이 나지 않는다.
문: 독립운동의 비용은 천도교에서 지출한다는 말을 들었나
답: 그런 말을 듣지 못하였다

그러나 사실 김세환은 천도교와의 연합에 대하여 알고 있었던 것으로 보인다. 앞서 언급한 동석기의 진술에서 이를 짐작해 볼 수 있다. 이어서 판사는 김세환의 역할과 활동에 대하여 질의하고 있다. 이에 대하여 김세환은 이동로 등 있는대로 상세하게 진술하고 있는 것 같다.

문: 지방에 가는데 여비를 받았는가
답: <u>이갑성집에서 박희도로부터 20원과 동지모집에 조인할 미농지 15매를 받았다.</u>
문: 경성을 출발하여 어떤 행동을 하였는가
답: 최초에 충청남도 해미(현 당진)군 읍내 감리교 목사 김병제를 만나 독립운동에 대한 말을 하여 찬성을 얻고서 승낙서에 날인하여 늦어도 26일까지는 박희도에게 가지고 가라고 하였고, 그후 곧 홍성을 다녀 천안서 기차로 조치원에 와서 자동차로 공주까지 갔었다. 공주에서는 감리교 목사 현석칠을 찾았으나 만나지 못하고 그대로 올라와서 박희도에게 보고한 다음 수원으로 가서 남양교회 목사 동석기를 만나 온 취지를 말하였더니 박희도에게서 들었다고 하면서, 승낙하였다. 집에 와서 하루 자고, 26일 이천교회 목하 이강우(李康雨, 이강백)에게서 찬성을 얻어 조인을 받은 후 오산서 김광식(金光植)을 찾아 찬성을 얻었다. 수원서는 임응순을 찾아 말한 후 조인을 받아가지고, 박희도에게 가니 시간이 늦어서 안되었다 하므로 숙옥에 와서 소각하였다.

라고 하여, 자신의 활동상을 언급하고 있다. 즉, 김세환은 충남 해미에서 김병제목사를, 남양에서 동석기목사, 이천교회 이강우, 오산 김광식, 수원 임응순등의 동의를 얻었던 것이다. 서울로 올라온 김세환은 3·1운동에 적극적으로 참여하는 모습을 보인다. 그러나 김세환은 세브란스의 주요 모임에는 참석하였으나 지방에서 늦게 올라온 결과, 태화관에서의 3·1운동 선언 모임에는 참여하지 못하였다. 그 결과 결국 그는 3·1운동 민족대표 33인이 아닌 48인 가운데 한사람이 된 것이 아닌가 판단된다. 3·1운동이 파고다 공원에서 전개된 당일의 상황을 김세환의 진술을 통해 들어보기로 하자.

문: 피고는 3월 1일 어찌하였나
답: 오후 2시 공원에 간 즉, 사람이 많이 모여 만세를 부르고, 시가지로 나가므로 나는 숙소로 돌아왔다.
문: 파고다 공원에서 누가 선언서를 낭독하던가
답: 나는 군중 틈에 있어 누가 낭독하였는지는 알지 못한다
문: 그 후는 어찌되었나
답: 집에 가서 곧 체포되었다.

라고 하여, 독립선언서를 낭독한 파고다공원 현장에 있었음을 밝히고 있다. 김세환이 3·1독립선언서가 낭독되었던 현장

에 있었고, 또한 만세시위에 직접 참여한 점은 그의 향후 민족운동 노선에 있어서도 큰 자극이 되었을 것으로 판단된다. 1919년 당시 31세였던 교사 김세환은 조국과 민족을 생각하는 지사로서 새롭게 탄생하였을 것이다.

4) 김세환신문조서(1919년 8월 29일, 고등법원 예심계)*

1919년 8월 29일에 있었던 김세환에 대한 고등법원 예심계 판사가 행한 신문내용이다. 이를 보면 다음과 같다.

김세환
위 사람에 대한 내란사건에 대하여 대정 8년 8월 29일 고등법원에서 예심계 조선총독부 판사 楠常藏, 조선총독부 재판소 서기 宮原悅次, 열석하여 판사는 피고인에 대하여 다음과 같이 신문하다.

문: 성명, 연령, 족칭, 직업, 주소, 본적 및 출생지를 말하라.
답: 성명은 김세환. 연령은 31세(11월 18일생).

문: 족칭은-
답: 직업은 학교 교사.
<u>주소는 수원군 수원면 남수리 242번지.</u>
<u>본적은 수원군 수원면 남수리 242번지.</u>
<u>출생지는 수원군 수원면 남수리 242번지.</u>

문: 작위, 훈장, 기장을 가지고 연금, 은급을 받거나 또는 공직에

---

* 김세환 신문조서, 『한민족독립운동사자료집, 삼일운동 II』, 삼일독립선언 관련자 신문조서(고등법원), 국사편찬위원회.

있는 것은 아닌가.

답: 없다.

문: 지금까지 형벌을 받은 일은 없는가.

답: 없다.

문: 피고에 대해서는 다음과 같이 공소가 제기되었는데 어떤가(이때 공소사실을 읽어서 들려주다.)

답: 내가 독립운동에 가맹한 일, 선언서를 각지에 배포했다는 것은 틀림없지만 그것 때문에 폭동이 일어나리라고는 예기하지 못했었다.

문: 피고는 언제 독립운동에 가입했는가.

답: 2월 20일경이다.

문: 누구에게서 권유를 받았는가.

답: <u>권유를 받은 것은 아니다. 그러한 생각을 가지고 있는데 그와 같은 기도가 있다는 것을 박희도에게서 듣고 그것에 참가했었다.</u>

라고 하여, 자신이 박희도로부터 독립운동에 대하여 들었지만, 만세운동에 참여한 것은 자심의 독자적인 의지였음을 분명히 밝히고 있는 점이 주목된다. 김세환은 이어서 판사의 질문에 대하여 다음과 같이 언급하고 있다.

문: 참가한 뒤에 독립운동에 대하여 어떤 행동을 취했는가.

답: 잠시 지방을 다녀온 일이 있다. 그일에 대해서는 예심에서 진

술한 바와 같다.

문: 2월 21일경에 이갑성의 집에서 거의 철야 협의를 했을 때 그대도 참석했었는가.

답: 그렇다.

문: 그 결과 그대가 동지자를 모집하고 서명 날인을 구하기 위하여 충청도 방면으로 갔었는가.

답: 그렇다.

문: 그때에는 예수교측과 천도교측이 합동해서 하는 것이 좋은지 어떤지에 대하여 협의는 없었는가.

답: 그렇다. 그때 그 말이 나온 일은 있었으나 그것에 대하여 어떻게 한다고 정하는데까지 가지는 않았었다.

문: 그리고 서울로 돌아온 것은 언제인가.

답: 3월 1일 아침이었다. 그러나 그 중간에 한번 2월 24일 밤에 서울에 온 일이 있었다.

문: 그때 누군가 동지와 만났는가.

답: 그때 박희도와 만났었다.

문: 그때 천도교측과 합동하기로 되어 이러 이러한 방법으로 운동을 한다는 말을 듣지 않았는가.

답: 결국 합동하게 되었다는 것도 듣지 못했으므로 그런 방법까지는 듣지 못했었다.

문: 그러나 그런 경우에는 그대쪽에서도 묻고 박희도쪽에서도 말이 있었을 것이 아닌가.

답: 합동은 당연히 될 것으로 생각하고 있었으므로 미처 그때 그

방법까지는 묻지 않았었다.

문: 그리고 청원서 등을 내기로 하여 그대가 동지를 구해 온 것은 헛일이 되었는가.
답: 그렇게 되었었다.

라고 하여, 박희도를 매개로 하여, 세브란스 회합과 지방 동지들에게 연락한 점 등을 밝히고 있다. 아울러 앞서 진술한 내용에서 구체적으로 밝히지 않았던 서울 도착 시점이 3월 1일 아침임을 이번 진술을 통하여 알 수 있게 되었다. 이어서 김세환은 독립운동방법론에 대하여 중요한 언급을 하고 있다. 즉, 판사의 질문에 대하여,

문: 그대가 가입한 독립운동의 방법은 무엇인가.
답: 한편으로 독립의 의사를 발표하고, 한편으로 정부에 청원한다는 것이었는데 또 그 밖에도 강화회의에 서면을 내기로 하자는 상의였다. 독립의 의사를 발표하는데 대한 방법은 정해져 있지 않았고, 다만 좋은 방법으로 하자는 정도였다.
문: 그러면 그대가 출발할 때에 선언서는 어떤 형식으로 낸다든지 또, 청원서는 어떤 형식으로 낸다든지 하는 것은 일체 뒷 사람에게 맡겨 두었던 것인가.
답: 나는 지방으로 떠나서 동지를 모집해 오는 것을 담당했으므로 뒤의 일은 만사를 부탁한다는, 말을 바꾸어 다른 사람에게 위

임해 둔 것은 아니지만 요컨대 선언서의 발표라든지 청원서에 대한 일은 일체 뒤의 사람에게 맡겨 두었던 것이다.

문: 강화회의나 일본정부에 청원서를 내고 선언서를 발표하면 어떤 이유로 독립이 된다고 생각했는가.

답: 조선 안에서 선언서를 발표하고 또 강화회의에 청원서를 내면 세계의 대세로 강화회의에서도 조선의 독립을 승인해 주고, 또 일본에서도 당연히 그것을 승인해 줄 것으로 생각했었다.

문: 일본에게만 청원하는 것은 효과가 없다고 생각해서 강화회의에도 서면을 낸 것이 아닌가.

답: 그것은 결국 국제문제가 될 것이므로 아무래도 열국에게서 승인을 받아야 할 것으로 생각했기 때문에 강화회의 쪽에도 서면을 냈던 것이다.

령(領) 제230호의 3을 보이다.

문: 이것을 아는가.

답: 이 선언서는 3월 1일에 비로소 알았다.

문: 그 문장은 불온과격한 것으로 그것 때문에 독립시위운동을 선동한 것이 아닌가.

답: 독립의 의사를 발표한다는 것뿐으로 그런 선동을 한다는 취지는 아니다.

문: 그러나 그 문구는 의사를 발표하라고 권하는 취지가 아닌가.

답: 언뜻 이것만 보면 그렇게 보일는지 모르나 의사는 그렇지 않다. 그러나 결국 권하는 것이 될 것이다.

문: 그러면 결국 시위운동을 권하는 의사로 발표한 것이 아닌가.

답: 그렇지는 않다.

문: 이런 문서를 발표하면 그것에 자극되어 독립을 위한 폭동이라도 일어난다는 것은 예상할 수 있는 것이 아닌가.

답: 그렇지 않다.

문: 그 밖에 피고가 지방법원 예심에서 공술한 사실은 모두 틀림이 없는가.

답: 그렇다. 틀림없다.

위 녹취한 것을 읽어서 들려주었더니 틀림이 없다고 승인하고 서명하다.
피고인 김세환
작성일 대정 8년 8월 29일
고등법원
서기 조선총독부 재판소 서기 宮原悅次
신문자 예심계 조선총독부 판사 楠常藏

라고 하여, 김세환은 독립청원과 더불어 파리강화회의에 독립선언서를 보내 독립을 추구하였던 것으로 볼 수 있을 것 같다. 특히 고등법원 신문조서에서 주목되는 것은 지금까지 언급되지 않았던 독립청원에 대한 부분이 상세하게 다루어지고 있다는 점이다.

5) 김세환신문조서(1920년 9월 24일 공판)

1920년 9월 24일 공판내용은 동월 25일자 매일신보를 통하여 짐작해 볼 수 있다. 이를 보면 다음과 같다. 〈24일 오전 공판, 청원제출협의, 어느 날 어느 때이던지 정의와 인도하에서 독립하고저〉라는 제목하에 보도되고 있다. 여기서 일차적으로 주목되는 것은 정의와 인도라는 표현이다, 즉, 김세환의 만세운동 참여는 정의와 인도라는 시대정신에 바탕을 둔 것이라는 점이 주목된다.

〈김세환신문〉
연일두고 계속 개정되든 대공판은 추계황령제(秋季皇靈祭-필자)의 덕분에 하루를 건너치고 24일에 또다시 개정되었다. 이날은 방청석에 피고의 가족도 많이왔으며, 기타 방청자도 많이 출석된 중에 이날은 피고의 심리가 종료될 줄을 알았음인지. 서양부인과 남자도 특별방청석에 와서 모든 심리하는 것을 바라보며 있었다. 오전 9시 50분부터 개정하여 몀명을 마친 후에 김세환의 심리에 들어간 바, 재판장은 전례와 같이 평일의 상벌유무를 무르며, 종교는 예수교냐고 물었으며, 수원삼일여학교 학감이냐 물은 후에, 그대는 일한합병에 대하여 반대하였으며, 또는 독립을 원하였는가?
네. 그것은 일본이 조선에 대한 정치와 세계대세를 양하야 서든지 모두 원한과 눈물이였으며 나뭇가지 마디마다 맺혀있는 이슬을 볼 때에도 원망스러운 눈물이였습니다. 그러나 어느 날 어느 때이던

지 정의와 인도하에서 정정당당하게 우리도 독립을 회복할만한 시
기가 있을 줄 알고 스스로 호감으로서 위안하고 기다렸습니다.

라고 하여, "그대는 일한합병에 대하여 반대하였으며, 또는 독립을 원하였는가?"라는 질문에 대하여 만인이 보는 공판장에서 김세환은 당당하게 "네"라고 대답하고, 이어서 구체적으로 자신의 독립에 대한 염원을 토로하고 있다. 즉, " 그것은 일본이 조선에 대한 정치와 세계대세를 양하야 서든지 모두 원한과 눈물이였으며 나뭇가지 마디마다 맺혀있는 이슬을 볼 때에도 원망스러운 눈물이였습니다. 그러나 어느 날 어느 때이던지 정의와 인도하에서 정정당당하게 우리도 독립을 회복할만한 시기가 있을 줄 알고 스스로 호감으로서 위안하고 기다렸습니다"라고 언급하고 있다. 이어서 신문은 다음과 같이 보도하고 있다.

문: 작년 2월 18일에 동지되는 박희도를 맞나보았드라지?.
답: 사실입니다.
문: 그 때에 박희도와 만나서 무슨의논을 하였는가?.
답: 그때 말은 다른 말이 아니요. 우리는 이번 평화 회복되고 미국 대통령의 민족자결주의를 발표하였으니 우리도 동지자를 약 이빈명위한하고 모집하여 일본정부에 대하여 독립을 허락하

라는 청원을 제출하자는 이야기가 있었소이다.

문: 그때에 독립선언서 발표할 만은 없었던가?.

답: 그때는 그런 말은 도무지 없었소이다.

문: 작년 2월 20일에 이갑성의 집에 가서 이갑성과 무슨 협의를 한 사실이 있지 아니한가?

답: 그날 이갑성의 집에 갔던 일은 있고, 의논한 일도 있었소이다.

문: 무슨 의논이었던가?.

답: 그 역시 일본정부에 청원서를 제출할 문제로 여러 가지로 협의할 일이 있었소이다.

문: 그때에 만세를 부르자고 하였다지?.

답: 아니요 우리는 어디까지던지 온건하며, 점진케하여 동지자나 많이 얻어가지고, 정정당당하게 하자한 것이외다.

문: 그대는 경기도와 충청도로 출장하여 동지를 모집하러 갔었지?.

답: 있습니다.

문: 언제 떠나서 언제 돌아왔는가?.

답: 2월 22일에 남대문을 출발하여 3월 1일 오전 축시까지 경성으로 돌아왔다.

문: 다 그런 것이 아니요. 떠나기는 22일 남문을 출발하여 공주까지 갔다가 급거 23일 밤 일시에 경성으로 회환하지 않았는가?.

답: 그러화외다. 그때 상경하였던 것은 무슨 특별한 일로 상경한 것도 아니오, 대개는 공주에 갔던 일은 잘 진행되어 간다고 박희도에게 말하였을 뿐이외다.

문: 그때에 서울 와서 본즉, 작정한 것은 엇지되었는가?.

답: 그때 와선 본즉, 처음에 우리가 작정하든 일본정부에 청원하자든 일은 아주 변경되고 독립선언을 반포하기로 목적이 변하였는고로 나는 그 당시에 목적 변경된 것은 불가타하고 나는 거절한다하고 곧 집으로 돌아갔었습니다.

문: 그 후에 그래도 또 상경하여 동지들과 상봉하여 독립선언을 파고다공원에서 한다는 말을 들었지?.

답: 동지자들에게 들은 것은 아니요. 길거리에 나와 섰었던 아는 사람을 만나서 그러한 말듣고 공원으로 가서 본 즉, 마침 공원에서 하려든 일은 명월관 지점에서 하기로 변경되었다하기로 그만 거리로 나와서 본 즉, 일반학생과 기타 수많은 군중이 만세를 부르며 큰 야단이 났습니다,

문: 그때에 그대도 그통에 드러가서 조선독립만세를 불렀지?.

답: 아니요. 그런 일은 없었소,

문: 그 때 그 군중은 만세르 부르며, 방향을 어디로 향하였는가?

답: 그때 방향을 매일신보사 편으로 향하여 갑다. 그때에 재판장은 피고를 불러 가라하고 정춘수 심리에 들어갔다.

즉, 김세환은 3·1운동에서의 자신의 역할에 대하여 언급하고 있다.

■ 윌슨의 민족자결주의

1) 기독교민족주의자로 성장하다

윌슨 대통령

김세환은 1919년 2월 박희도를 만나기 전부터 민족의식 갖고 있었다고 진술하고 있다. 그의 민족의식은 언제부터 형성된 것일까. 김세환은 삼일여학교 학교 시절, 학교 건물에 한반도를 부조했다는 기록이 보이고 있다. 이를 통하여 보아도 그가 민족의식을 소유하고 있던 인물임에는 분명한 듯하다. 그의 민족의식 형성은 수원지역의 민족운동가들을 통해서 이루어진 것이 아닌가 한다. 국채보상운동, 그리고 종로교회와 삼일학교와 인연이 있는 임면수가 떠오른다. 임면수는 당시 만주로 망명하여 신흥무관학교, 부민단 등에서 활동하고 있었다. 이 두 지도자가 함께 찍은 사진이 있다. 1931년 수원종로교회 직원일동 단체 사진으로 밀러 삼일여학교 교장과 임면수, 김세환 등이 뒷줄에 나란이 함께 한 것이다.

임면수는 김세환보다 15살 정도 연장자이다. 임면수는 1873년생이고, 김세환은 1889년생이기 때문이다. 임면수는 북수동, 김세환은 남수동 태생이다. 지역적으로 같은 동네는 아니지만, 삼일학원과 종로교회를 중심으로 함께 하였을 것으로 보인다.

김세환의 민족의식과 근대의식의 형성은 서울로의 유학을 통하여 심화 발전, 체계화되었을 것으로 추정된다. 구한말 서울에서의 관립한성외국어학교 한어부의 입학과 수학은 전통적인 교육을 벗어나 그에게 새로운 학문을 접하게 하였을 것이다. 그도 처음에는 현실에 안주하고자 중국어과를 선택하였는지 모른다. 그러나 국망의 현실을 목도하면서 1910년 3월 중국어과를 졸업하고 당시 최고의 선진국이라고 알려진 일본의 경제 발전상을 직접 목도하고 배우고 싶었을 것이다. 그 결과 김세환은 일본 와세다대학 경제학과에 입학하여 공부하면서 선진문물을 접하였다. 그리고 고향 수원으로 귀향하여 학생들의 교육을 통하여 새로운 민족국가의 부활을 꿈꾸게 된 것이 아닌가 한다. 특히 1910년대 서양 선교사들이 중심이 된 삼일여학교 학감으로 있던 김세환은 삼일여학교 선교사들을 통하여 아울러 매일신보 등 신문 등을 통하여 윌슨의 민족자결주의 등 국제정세를 인식하고 더욱 조선의 독립을 생각하게 되었을 것으로 판단된다. 특히 윌슨의 민족자결주의는 다른 당대 지식인들과 마찬가지로 김세환에게 큰 자극으로 다가왔을 것이다.

2) 윌슨의 민족자결주의의 영향을 받다.

김세환은 1919년 3월 1일 파고다공원을 시발로 전국에서 전개된 3·1운동의 48인 가운데 한 사람으로 언급될 정도로* 중요한 인물이다. 조선일보, 1920년 7월 16일자 〈조선독립운동의 수령 민족자결주의자 47인〉의 공판에서 김세환의 보도를 통하여 김세환과 3·1운동과의 관계의 일단을 짐작해 볼 수 있을 것 같다.

김세환
문: 피고가 조선독립운동에 참가한 것은 작년 2월 18일 박희도의게 말을 듯고 한 것이 아닌가
답: 아니오. 그젼브터 올시다
문: 그러면 네의 불평을 말하야라
답: 합병은 불합리이온고로 불평을 가젓습니다. 그러하나 대세이라 엇지할 수 업다 하야 잇섯습니다. 그러하나 그 뒤에 대젼쟁이 잇섯는대 그것은 생존문제인대 미국이 전쟁에 참가한 뒤로

---

* 동아일보, 조선일보 1920년 7월 16일자, 신한민보, 잡지 『서울』5호(1920년 5월호) 등에서 민족대표 48인 가운데 한사람으로 언급되고 있다.

<u>브터 군국주의와 평민주의로 주의 전쟁이 잇서, 그 뒤에는 반다시 평민주의와 민주주의가 성립될 줄 알엇습니다.</u>

라고 하여, 김세환은 기본적으로 일찍부터 일제의 조선 강점은 불합리함으로 이에 대하여 불만을 갖고 있었다고 진술하고 있다. 다만 그럼에도 불구하고 일제의 조선지배가 대세임으로 이에 참고 있었다고 언급하고 있다. 그런 가운데 1914년 1차세계대전이 발발하고, 더욱이나 미국이 참전한 이후 전쟁은 군국주의와 평민주의 전쟁이 되고, 미국이 전쟁에서 승리하면 새로운 세계는 평민주의와 민주주의가 중심이 되는 세계로 변화 발전할 것이라는 기대를 갖고 있었던 것으로 보인다. 이는 당시 세계 질서에 대한 김세환의 인식으로 판단된다. 즉 1차세계대전의 성격을 군국주의와 평민주의전쟁으로 인식하였던 것이다. 아울러 미국에 대한 강한 기대를 갖고 있었던 것으로 보인다. 미국을 평민주의, 민주주의의 이상형으로 본 것은 아닌가 추정된다.

제1차 세계 대전은 1914년 7월 28일 부터 1918년 11월 11일까지 일어난 유럽을 중심으로 한 세계 대전이다. 1914년 오스트리아-헝가리가 세르비아에게 선전포고를 하며 시작되었고, 1918년 독일의 항복으로 끝이 났다. 이 전쟁은 전 세계의 경제를 두 편으로 나누는 거대한 강대국 간 동맹끼리 일어난 충돌이다. 한쪽 편은 대영제국, 프랑스, 러시아 제국의 삼국 협상을 기반으로 한 협상국과 미국을 포함한 연합국, 다른 한편은 독일 제국과 오스트리아-헝가리 제국이 있는 동맹국이다. 이탈리아 왕국은 독일 제국, 오스트리아-헝가리 제국과 함께 삼국 동맹에 가입되어 있었지만 동맹국에 참여하지 않았고 나중에는 협상국으로 참가하며 오스트리아-헝가리 제국을 침공했다. 이러한 동맹은 재조직되었고 더 많은 국가가 전쟁에 참여하도록 압력을 가하면서 확장되었다. 이탈리아 왕국, 일본, 미국이 연합국에 가입했으며 오스만 제국, 불가리아 왕국이 동맹국에 가담했다. 궁극적으로 유럽인 6천만 명을 포함한 군인 7천만 명이 전쟁에 가담하면서 역사적으로 가장 큰 전쟁 중 하나에 동원되었다.

이 전쟁의 근본적인 원인은 신제국주의 때문이었지만, 직접적인 원인은 1914년 6월 28일 사라예보에서 오스트리아-헝가리 제국 왕위 후계자인 프란츠 페르디난트 대공이 세르비아 국민주의자 가브릴로 프린치프에게 암살당한 사건이다. 이 사건으로 인해 오스트리아-헝가리 제국이 세르비아 왕국에게 최후 통첩을 전달하면서 7월 위기가 시작되었고, 지난 수십년에 걸쳐 형성된 국제적 동맹끼리 서로 연결되었다. 수주 이내에 강대국끼리 전쟁을 시작했고 이 분쟁은 전 세계로 퍼져나갔다.

7월 28일, 오스트리아-헝가리 제국이 세르비아를 침공하면서 제1차 세계 대전이 시작되었다. 러시아가 총동원령을 내리면서 독일군은 중립국인 룩셈부르크와 벨기에를 침공하면서 프랑스로 진격했고, 이로 인해 영국이 독일에게 선전포고했다. 파리 앞에서 독일군이 진격을 멈춘 이후, 서부 전선은 1917년까지 참호전과 같은 소모전 양상으로 굳어지게 된다. 한편, 동부 전선에서는 러시아군이 오스트리아-헝가리 제국 내로 진격하는데는 성공했지만 동프로이센 침공은 독일군의 반격으로 실패하게 된다. 1914년 11월에는 오스만 제국이 참전하면서 전역이 캅카스, 메소포타미아, 중동 등으로 확대되게 된다. 이탈리아 왕국과 불가리아 왕국은 1915년 참전했고, 루마니아 왕국은 1916년 참전했으며, 미국은 1917년 참전했다.

러시아 정부가 1917년 3월 붕괴된 이후 동부 전선이 해소되었으며 이후 10월 혁명으로 인해 동맹국이 러시아 영토를 획득했다. 1918년 11월 4일, 오스트리아-헝가리 제국은 휴전에 합의했다. 1918년 서부 전선에서 독일군의 춘계 공세 이후, 연합군은 일련의 공세를 방어하고 이후 진격하여 독일군

참호들을 점령하기 시작했다. 독일 11월 혁명 이후, 독일이 1918년 11월 11일 휴전에 합의하면서 연합국이 전쟁에서 승리하게 되었다.

전쟁이 끝나면서, 러시아 제국, 독일 제국, 오스트리아-헝가리 제국, 오스만 제국 등 4개 주요 제국이 해체되게 되었다. 앞의 2개 제국은 승계국가가 탄생했지만 많은 영토를 잃었으며 후자의 2개 제국은 완전히 해체하게 되었다. 유럽 및 서남아시아 지도는 새로운 독립 국가가 생기면서 새롭게 그려지게 되었다. 또한, 이러한 끔찍한 전쟁이 일어나는 것을 막기 위한 목적으로 국제 연맹이 탄생하게 되었다. 그러나 이 목표는 유럽의 민족주의 부활과 독일에서 파시즘의 장악으로 인해 상황이 악화되며 실패하게 되었다. 이러한 상황은 제2차 세계 대전의 원인이 되었다.

박희도에게 윌슨의 민족자결주의 소식을 들은 김세환도 큰 감동을 받은 것 같다. 그것은 박희도가 윌슨의 민족자결주의 소식을 들었을 때와 유사할 것으로 판단된다. 조선일보 1920년 7월 16일자에 실린 박희도의 공판기록이 참조될 듯하다.

<u>문: 대명 7년(1918년-필자주) 1월에 미국 대통령의 강화조건에 대</u>

하야 엇더한 감상을 말하라

답: 대단히 격동아 되얏쇼, 졍의·인도를 위하는 죠건을 찬셩하얏쇼. 자유 자결 민족자결의쥬의는 대찬셩이오,

문: 구쥬의 약쇼국을 개방하고 독일계국 그 교셔라는 것은 구쥬의 교젼국에 대하야 한 것이며 조션의게은 관계가 업셧슬것인대 엇지 그럿케 생각하얏는고―

답: 그것은 교젼국에만 한 것은 안이라하오. 일본정부도 교젼국에 드럿스며 더욱이 대명 7년 2월의 일본의회에셔도 조션도 민족자결의 정도에 달하얏는가? 하고 의론이 잇슬듯하야 결코 교젼국외에 조션에도 그 주의가 준용되는줄 알앗쇼

문: 그래셔 20일밤의 협의를 하얏는가―

답: 그때에는 민족자결에 대하야 일본의 정부에 우리죠션도 민족자결을 하겟다고 쳥원을 하랴 하얏는대 일본정부가 허가하여 줄는지 하고 의심하얏쇼

윌슨의 민족자결주의는 1918년 1월 제1차 세계 대전 이후의 새로운 세계 질서를 세우기 위해 미국 대통령 윌슨(Woodrow Wilson, 1856~1924)이 발표한 14개조 원칙 중 민족 자결과 식민지 민족 독립에 대한 원칙이다. 제1차 세계 대전에서 중립을 지키던 미국은 독일의 잠수함 공격을 받고 난 후인 1917년 4월 참전을 결정하였다. 미국의 참전으로 전세가 연합국의 승리로 굳어져가자 당시 미국의 제28대 대통령 윌

슨은 1918년 1월 미국 의회에서 연두 교서를 통해 새로운 전후 질서의 14개조 원칙을 제안하였다. 이 원칙에는 비밀 외교의 폐지, 패전국에 대한 무병합·무배상 원칙, 그리고 국제 평화 유지 기구인 국제 연맹의 결성 등 다양한 제안이 포함되어 있었지만, 그중 가장 유명한 것은 민족 자결주의였다. 윌슨이 제안한 민족 자결주의는 각 민족은 자신의 정치적 운명을 스스로 결정할 권리가 있으며, 이 권리는 다른 민족의 간섭을 받을 수 없다는 내용을 담고 있었다. 윌슨의 민족 자결주의는 당시 식민지나 반식민지 상태에 있던 약소민족들을 크게 고무시켰다. 많은 식민지·반식민지 국가들의 독립운동가들과 민중들은 민족 자결주의가 자국의 독립을 지지하는 것으로 생각했다. 한국의 독립운동가들도 민족 자결주의에 고무되어 '외교독립론'을 통해 한국의 독립이 성취될 수 있을 것으로 보았다. 그러나 윌슨의 민족 자결주의는 패전국인 독일과 오스트리아-헝가리 제국, 오스만투르크 제국 등의 식민지와 점령지에만 적용되었고, 전승국의 식민지와 점령지에는 적용되지 않았다. 때문에 제1차 세계 대전의 전후 처리를 위해 열린 파리 강화 회의에서는 연합국이 지배하거나 점령한 아시아 지역의 식민지 문제는 의제로 거론되지도 않았다. 일본도 연합국의 일원으로 참전하였기 때문에 한국의 독립 문제도 논의되지 않았다.

김세환은 윌슨의 민족자결주의를 통한 조선의 독립추구 중 박희도와 만나게 되었던 것으로 보인다. 김세환은 관립한성외국어학교 출신으로 국제정세에 일찍부터 관심을 갖고 있었으며, 북감리교 선교사인 밀러 등으로부터 국제정세를 파악하고 있었던 것으로 보인다.

김세환의 3·1운동 참여는 어떤 인식 속에서 이루어지고 있었는가? 이에 대해서는 다음과 같이 언급하였다.

> 본래 합병을 조선사람이 싫어하였으나 대세에 못하고 기회만 있으면 나도 독립운동에 진력을 하려 하였더니 이번의 전쟁이 처음에 민족의 생존을 위한 싸움이었으나 미국이 전쟁에 참가한 뒤에는 군군주의에 대한, 제국주의에 대한 평화주의의 전쟁이니까 강화회의에는 미국이 주장하는 민족자결을 적용하게 될 것을 따라 우리도 독립을 하자 함이요.
>
> 아무리 세계대세로 병합이 되었다 하더라도 항상 가슴속에 원한을 품고 있었는데, 모든 물건을 대할 때 초목에서 흐르는 이슬도 눈물이나 아닌가 하는 의심을 품을 지경이었다. 그러나 하나님은 장래에 정정당당히 조선사람은 권리를 찾고 일본 사람은 권리를 돌리여 줄 시기가 돌아올 줄 알았다.

위에서 보듯이 김세환은 일제에 대한 강한 배일감을 갖고 있었다. 당시 유사 이래 초유의 식민지 지배를 받는 한국인들은 일제의 가혹한 정치적 탄압, 경제적 착취, 문화적 말살, 사회적 차별 등을 겪으면서 국권을 상실한 민족적 비애를 절감한 그는 기회만 있으면 독립하려고 하는 의지를 갖고 있었던 것이다. 따라서 강력한 무력을 바탕으로 지배하는 일제의 식민통치에 대해 반발감을 갖고 있던 그가 민중들의 반일의식과 항일 에너지가 증폭되고 누적되어 분출되는 흐름에 참여한다는 것은 자연스러운 일이었다. 즉 그는 비록 힘의 열세로 현상적으로 일제의 식민지로 전락했으나 독립의식에서만큼은 결코 일제의 지배와 통치를 인정하지 않았던 것이다. 이런 상황 속에서 그는 미국 윌슨의 민족자결주의의 소식을 듣게 되었고, 이를 독립의 기회로 포착하고 활용하고자 하는 판단과 함께 3·1운동에 참여할 수 있게 되었던 것이다. 그는 윌슨의 민족자결주의를 군국주의·제국주의에 맞서는 평화주의로 이해하고 있었으며, 민족자결주의에 따른 한국의 독립은 곧 군국주의·제국주의가 아닌 평화주의를 실현하는 방법이라고 역설하였다.

그러나 그는 기독교인이었으므로 무력에 의한 독립보다는 정의와 인도하에서 일본에 대한 독립청원을 추구하였다. 이러한 김세환의 인식은 기독교 민족주의자로서의 인식을 넘어 인류애적 관심의 추구가 아닐까. 당시 매일신보 1920년 9월 25일자에 보이는 동년 동월 24일에 한용운도 신문조서에서 정의와 인도아래 독립청원을 하고 있다. 아울러 김세환은 평민주의와 민주주의 국가의 건설을 추구하고 있음은 주목된다. 특히 당시 기독교계의 만세운동 참여는 더욱 김세환에게 3·1운동으로의 적극적 동참을 추진하게 한 것 같다.

3·1운동에서 교회의 위치는 상당하였다. 민족대표 33인 중 16인이 개신교인(감리교인 9명, 장로교인 7명)이었다는 점에서도 그러하다. 그중 경기도 지역의 3·1운동을 이끈 인물은 수원 종로감리교회 교인이면서 삼일여학교의 학감으로 있던 김세환이었다.

■ 3·1운동 참여과정과 세브란스병원 회의 참여

1) 김세환의 3·1운동 참여과정과 역할

조선일보, 1920년 7월 16일자 〈조선독립운동의 수령 민족자결주의자 47인의 공판〉 기록을 이어서 계속 보기로 하자.

3·1운동기념터(세브란스병원)

문: 세브란스병원에 모힌 사람은 누구 누구이던가

답: 아는 사람은 안태환, 함태영, 박희도, 리인환(남강 이승훈-필자 주), 리갑성 뿐이외다. 그 외에도 몃사람 잇섯쇼

문: 그 회합의 결과는 박희도의 말과 동일한가

답: 그럿쇼. 그러하나 최린과 교섭함에 대하야 함태영, 리인환의게 교섭을 위임한 것은 안이엿스며, 디방에 잇는 동지자를 28일까지 도라오게 하얏쇼

문: 오기 전에는 다른 사람의게 위임하야 한것이 안인가

답: 안이오. 28일까지에 동지가 모힌 뒤에 한 일이오

문: 오천원금의 수수(授受), 독립운동비인 줄 알엇나

서울역 앞 세브란스 병원

이어서 김세환은 3·1운동을 추진하기 위해 서울역 앞 세브란스 병원에 안태환, 함태영, 박희도, 이인환(이승훈-필자주) 이갑성 등과 함께 모여 회의를 진행하였음을 밝히고 있다. 김세환 등의 세브란스 모임에 대하여는 박희도. 이갑성, 안세환 등이 언급한 공판내용을 통하여 이를 좀더 상세히 알 수 있을 것 같다. 앞서 살펴본 조선일보 1920년 7월 16일자에서 박희도, 이갑성 등의 진술 내용을 보면 다음과 같다.

▣ 박희도(朴熙道)

문: 피고는 대정 8년 2월 20일에 리인환을 맛나든가
답: 그럿쇼
문: 그때에 리인환의게셔 긔독교도를 맛나게 하야 달나는 말을 들엇나
답: 아니오. 리인환이가 우리집에 오앗슬 때에는 내가 그를 차자가서 독립운동에 참가하여라 하는 권유를 하얏습니다. 내가 갓습니다
문: 그때에 리인환과 처음으로 회합하얏든고?
답: 개인덕으로 회합하기는 그것이 쳐음이오
문: 그러면 30일에 처음으로 오하용(오화영), 명춘수(정춘수)를 만낫는가?
답: 그럿쇼. 리인환도 참가하얏쇼
문: 그 독립사상의 유래를 말하라

답: 그것은 일한합병이래에 생기엿는대 우리는 너무 무자유하니가 독립을 하야 보겟다고 하얏쇼

문: 대명 7년 1월에 미국 대통령의 강화조건에 대하야 엇더한 감상을 말하라

답: 대단히 격동이 되얏쇼, 정의·인도를 위하는 죠건을 찬성하얏쇼. 자유, 자결, 민족자결의쥬의는 대찬성이오

문: 구주의 약쇼국을 개방하고 독일계국 그 교셔라는 것은 구주의 교전국에 대하야 한 것이며 조션의게은 관계가 업셧슬 것인대 엇지 그럿케 생각하얏는고—

답: 그것은 교전국에만 한 것은 안이라 하오. 일본정부도 교전국에 드럿스며 더욱이 대명 7년 2월의 일본의회에서도 조선도 민족자결의 정도에 달하얏는가?하고 의론이 잇슬듯하야 결코 교전국 외에 조선에도 그 주의가 준용되는 줄 알앗쇼

문: 그래서 20일 밤의 협의를 하얏는가

답: 그때에는 민족자결에 대하야 일본의 정부에 우리 죠선도 민족자결을 하겟다고 청원을 하랴 하얏는대 일본정부가 허가하여 줄는지 하고 의심하얏쇼

문: 구미젼쟁은 정의·인도를 위함이 안인가오, 리인환의 말에 의하건대, 청원셔는 명춘수가 하고 독립선언셔을 하기로 하얏다는대

답: 안의오. 다―선언셔를 뎨출하기로 하얏쇼

문: 또 졍춘수를 원산으로 보낸 일이잇나―세부란쓰병원 구내에 사는 이갑셩과 함태영, 안세환, 오상준이가 모히여 독립운동

을 한다는 말을 들었는가

답: 그 잇흔날 드럿쇼

문: 또 그 잇흔 날 21일 밤에 셰부란쓰병원에 잇는 피고 리갑성, 오긔선, 오화용, 김셰환, 안셰환, 현슌 등이 모히어 이약이 한 일이잇는가—

답: 잇쇼

문: 그때에 의논한 것은 텬도교와 합동하야 하기로 하얏스며 그래서 텬도교의 편 교섭할 사람을 함태형, 리인환으로 정하얏나

답: 텬도교측 긔독교측이 합동하야 하자는 것은 안이오, 그 사람에게도 참가하라고 하야 오든 것으로 교파에 나노아 할 것이 안이라 합동하는 것이 조호니가 그편의 의사가 합동하거든 한 가지 하자고 하얏쇼

문: 그때에 동지자의 셔명날인을 위하야 리갑셩을 경상도, 김셰환을 츙청남북도에 파견하기로 하얏는가

답: 그럿쇼. 사람을 파견하기로 하얏소

문: 그때에 불국 파리에 잇는 강화회를 탐지하고 또는 구쥬에도 셔류을 보내랴고 현슌이를 상해로 보내엿지

답: 그럿쇼

문: 현슌은 21일에 상해로 츌발케 하얏나

답: 그럿쇼

문: 22일에 리인환의게 (함태영집에서) 텬도교와 합동한다는 말을 드럿나

답: 들럿쇼

문: 그리하야 텬도교측에 문셔를 작송 기로 하얏스니가 사람 보내여 최린과 리인환의게 완전히 작정하얏나, 그때에도 텬도교의 말은 업섯나

답: 져편에셔도 말하는 것이 대동쇼이라. 선언을 하기로 한다는 말을 들엇슬 뿐이오

문: 져편이라고 하는 것은 손병희의 편을 말함이냐

답: 져편이라함은 손병희, 최린, 최남선 등을 말함이오

문: 그때에 리인환의게는 보고하러 왓더냐, 의논 하러 왓더냐. 그래셔 피고는 합동하기로 승낙을 하얏스니가 최린의게도 가셔 승낙하얏는가

답: 그 합동에 반대 한 것은 오긔션 한 사람임이오, 젼부가 찬성하는고로 승락하얏다

문: 손병희 일파와 피고의 일파가 합동할 때에는 피고편에서는 함태영, 리인환이가 드러셔 교섭하얏든가

답: 손병희편에는 최린이가 대표가 되얏숨으로 우리편에는 함태영, 리인환이가 하게 되얏쇼

라고 있음에서 다음 2가지 사항을 알 수 있을 것 같다. 1919년 2월 21일 김세환은 세브란스에서 박희도 등과 회합하였다는 점을 1차적으로 확인할 수 있다. 아울러 김세환은 세브란스회의에서 동지들의 서명 날인을 위하여 충청남북도 파견을 지시받은 점 또한 확인할 수 있다.

■ 이갑성(李甲成)

김세환이 1919년 2월 21일 세브란스병원 안 이갑성의 집에서 개최된 회의에 참석하고 있음은 다음의 이갑성 신문조서에서 살펴볼 수 있다.

문: 피고는 셰브란쓰병원 안에 집을 가지고 잇나
답: 그럿쇼

문: 대뎡 팔(八)년 육(六)월 이십(二十)일 피고의 집에 리인환, 안세환, 오상준, 함태영, 현순이가 회합하얏지
답: 그럿쇼

문: 엇더한 일을 의논하얏는가
답: 조선독립에 대하야 의논하얏소

문: 엇더한 방법을 말한 일이잇나
답: 잇셧쇼

문: 20일 오후 2시에 회의한 것은
답: 뎨일은 동지회합, 데이난 일본정부에 독립청원인대, 인원이 적음으로 결의치 못하얏쇼

문: 그일에도 네가 참가하얏는가
답: 참가하얏소

문: 피고가 조선독립운동에 대한 사상은 엇으점으로 이러낫는가
답: 조선인이되 결과에 잇쇼

문: 그러면 그 사상을 말하여라

> **답**: 조선의 쥬권은 조선인의게셔 잇지 안이하고 타인의 손에 잇서셔 죠션의 주권을 조선인에게 도로 찻게 하랴고 하얏쇼
>
> **문**: 명치 43년 일한합병의 결과로 그것을 회복하려 함인가
>
> **답**: 물을 필요도 업쇼
>
> **문**: 21일 밤에 박희도, 오화용, 안세환, 김세환, 현순 등이 회합 하얏는가
>
> **답**: 그럿쇼

라고 있어. 이갑성의 공판에서도 김세환이 1919년 2월 21일 밤 회의에 참석하였음을 짐작해 볼 수 있다.

■ 독립청원을 주장하다

김세환은 다른 기독교인들과 마찬가지로 적극적인 만세운동보다는 독립청원을 주장하고 있다. 매일신보 1920년 9월 25일자 공판기록을 보기로 하자. 24일 오전 공판에서 김세환은 정의와 인도하에서 독립청원을 원하였다고 주장하고 있다.

> **문**: 작년 2월 18일에 동지되는 박희도를 맞나 보았드라지.

답: 사실입니다.

문: 그때에 박희도와 만나서 무슨 의논을 하였는가.

답: 그때 말은 다른 말이 아니요. <u>우리는 이번 평화회복되고 미국 대통령의 민족자결주의를 발표하였으니 우리도 동지자를 약 이빈명위한하고 모집하여 일본정부에 대하여 독립을 허락하라는 청원을 제출하자는 이야기가 있었소이다.</u>

문: 그때에 독립선언서 발표할 만은 없었던가.

답: 그때는 그런 말은 도무지 없었소이다.

문: 작년 2월 20일에 이갑성의 집에 가서 이갑성과 무슨 협의를 한 사실이 있지 아니한가.

답: 그날 이갑성의 집에 갔던 일은 있고, 의논한 일도 있었소이다.

문: 무슨 의논이었던가.

답: 그 역시 일본정부에 청원서를 제출할 문제로 여러 가지로 협의할 일이 있었소이다.

문: 그때에 만세를 부르자고 하였다지.

답: 아니요. <u>우리는 어디까지던지 온건하며, 점진케 하여 동지자나 많이 얻어 가지고, 정정당당하게 하자 한 것이외다.</u>

라고 하여, 김세환은 만세운동이 아닌, 청원서제출을 주장하였다. 이어서 김세환은 검사의 질문에 다음과 같이 언급하고 있다.

문: 그대는 경기도와 충청도로 출장하여 동지를 모집하러 갔었지.

답: 있습니다.

문: 언제 떠나갔었지.

답: 있습니다.

문: 언제 떠나서 언제 돌아왔는가.

답: 2월 22일에 남대문을 출발하여 3월 1일 오전 축시까지 경성으로 돌아왔다.

문: 다 그런 것이 아니요. 떠나기는 22일 남문을 출발하여 공주까지 갔다가 급거 23일 밤 일시에 경성으로 회환하지 않았는가.

답: 그러와이다. 그때 상경하였던 것은 무슨 특별한 일로 상경한 것도 아니오, 대개는 공주에 갔던 일은 잘 진행되어 간다고 박희도에게 말하였을 뿐이외다.

문: 그때에 서울 와서 본 즉, 작정한 것은 엇지 되었는가.

답: 그때 와선 본 즉, 처음에 우리가 작정하든 일본정부에 청원하자든 일은 아주 변경되고 독립선언을 반포하기로 목적이 변하였는고로 나는 그 당시에 목적 변경된 것은 불가타하고 나는 거절한다 하고 곧 집으로 돌아갔었습니다.

문: 그 후에 그래도 또 상경하여 동지들과 상봉하여 독립선언을 파고자공원에서 한다는 말을 들었지.

답: 동지자들에게 들은 것은 아니요. 길거리에 나와 섰었던 아는 사람을 만나서 그러한 말 듣고 공원으로 가서 본 즉, 마침 공원에서 하려든 일은 명월관 지점에서 하기로 변경되었다 하기로 그만 거리로 나와서 본 즉, 일반학생과 기타 수많은 군중이 만세를 부르며 큰 야단이 났습니다,

문: 그때에 그대도 그통에 드러가서 조선독립만세를 불렀지. 아니
 요.
답: 그런 일은 없었소.
문: 그 때 그 군중은 만세를 부르며, 방향을 어디로 향하였는가
답: 그때 방향을 매일신보사 편으로 향하여 갑디다. 그때에 재판
 장은 피고를 불러 가라하고 정춘수 심리에 들어갔다.

 위에서 살펴본 바와 같이, 김세환은 독립운동의 방식으로 독립청원을 주장하고 있다. 이러한 김세환의 주장은 기독교 사상에 바탕을 둔 비폭력 저항운동의 추진이 아닌가 한다.* 독립선언과 독립청원은 일견 같은 것처럼 보이지만 사실 독립선언이 훨씬 더 강력한 독립의 의지를 표명하는 것이었고 일본에 대한 저항적 성격이 훨씬 더 강했다. 하지만 선언은 자칫 정치운동으로서 비쳐지기에 충분했다. 따라서 기독교 내부에서는 대부분 이 운동이 독립청원의 성격으로 진행되어야 함을 주장하고 있었다.** 김세환 또한 그들의 생각과 다르지 않았다. 그 또한 독립 청원이어야 한다고 인식하고 있었다. 이러한 김세환의 면모는 공판기록의 여러 곳에서도 보이고 있다.

---

* 김정희, 「함태영을 통해서 본 3·1운동과 기독교의 관계」, 한국동양정치사상사학회 춘계학술회의, 2018.
** 위의 논문, 33-36쪽.

1919년 2월 21일 이갑성의 집에서 기독교의 장로교와 감리교 인사들이 처음으로 한자리에 모였다. 이 자리에 참석한 인사들은 장로교측에서 이승훈, 함태영, 이갑성, 안세환, 김필수, 오상근, 감리회측에서 김세환, 박희도, 오화영, 신홍식, 오기선, 현순 등이 모였다. 이날 회동에서 가장 중요하게 다루어졌던 내용은 천도교의 독립운동 방법을 받아들일 수 있는지에 관한 것이었다. 이것은 그동안 천도교가 보여 왔던 독립운동 방식에 대한 의구심에서 비롯된 것이었다. 천도교는 최제우가 구한말에 창시했던 동학을 기반으로 발전한 종교였다. 동학은 기본적으로 봉기와 투쟁을 상징하는 구한말의 대표적인 민중봉기의 성격을 가지고 있었다. 그러다가 일제강점기로 넘어오면서 친일단체였던 일진회와 관련성 때문에 교세가 급격히 줄었다가 손병희에 의해서 천도교로 재건되면서 교세의 확장을 이루고 있었던 상황이었다. 천도교에 대한 인상은 동학과 연결되어 있었기 때문에 무장투쟁에 대한 우려를 가지고 있었던 것이다.

이러한 우려는 3·1운동 준비 내내 기독교 내에서 가장 큰 이슈였으며 이 우려가 제거되지 않으면 천도교와 기독교의 합동은 사실상 좌절될 위험성을 가지고 있었다. 특히 이날 회의에서 기독교 측 인사들이 들었던 소문의 내용은 천도교에서 만주로부터 무기를 들여와 무장봉기를 준비하고 있다는 것이었다. 기독교는 기본적으로 무장투쟁 방식 자체에 대한 거부의식을 가지고 있었다. 그것은 무장투쟁이 지니는 성격 자체가 정치투쟁으로 보기 때문이었다. 이 소문의 진위는 23일 이승훈과 함태영이 최린과 만나 확인함으로써 근거없는 것으로 결론이 났다.

이 논쟁이 중요했던 이유는 이 운동에 참여하는 기독교인들이 기본적으로 가지고 있었던 인식 속에 이 운동의 저항방식이 철저하게 비폭력 무저항의 방식이어야 한다는 점을 분명히 하고 있었다는 것이고 이것이 기독교인들 참여의 명분이 되었다는 점 때문이다. 기독교인들이 이러한 저항의 방식을 끝까지 고집했던 이유는 그들에게 이 운동이 정치적 저항으로서가 아니라 도덕과 정의에 입각한 순수한 신앙적 저항이어야 했기 때문이었다. 또한 이 저항의 동기가 민족주의에 입각한 이데올로기가 아니라 민족애(民族愛)에 입각한 기독교적 사랑의 실천이어야 했다. 그래야만 주류의 한국교회가 이 운동에 동참할 수 있었기 때문이었다. 비폭력 무저항은 기독교인들이 민족운동에 참여할 수 있는 최고의 저항적 수단이었던 것이다. 이러한 기독교적 전통은 예수의 십자가 사건을 통해서 만들어진 것이었다. 진리와 정의를 위해서 예수가 선택한 것은 십자가의 희생이었으며 그 희생은 곧 승리를 의미하는 것이었다. 초대 기독교 신자들이 로마에 저항했던 방식이 비폭력 무저항이었다.

비폭력 무저항의 방법은 투쟁적이거나 혁명적인 방법을 의미하지 않는다. 그것은 도덕적인 저항방법일 뿐만 아니라 합법적인 투쟁을 의미하는 것이었다. 공약삼장은 다음과 같이 세 가지 행동강령을 명시해 놓았다. 하나, 오늘 우리들의 거사는 정의·인도·생존·번영을 찾는 겨레의 요구이니, 오직 자유정신을 발휘할 것이고, 결코 배타적 감정으로 치닫지 말라. 하나, 최후의 일인까지, 최후의 일각까지 민족의 올바른 의사를 당당하게 발표하라. 하나, 모든 행동은 먼저 질서를 존중하여 우리들의 주장과 태도를 어디까지나 공명정대하게 하라. 일본이 가장 문제시 삼았던 것이 2항이었다. "최후의 일인까지, 최후의 일각까지 민족의 올바른 의사를 당당하게 발표하라"는 것이었다. 여기에는 끝까지 정의를 고수하고 도덕적 정당성을 포기하지 않을 것이라는 강한 의지를 보여주고 있었다. 이는 일본의 입장에서 선동으로 느껴질 정도로 강력한 의미를 가지고 있었다. 비폭력 무저항의 정신은 일본인에 대한 배척을 의미하지 않았다. 민족의 독립을 염원하지만 그것은 일본을 타도 하는 개념이 아니라 정의를 말하기 시작한 세계사조에 따라 일본이 정의롭고 정당하다면 그 요구를 들어주어야 한다는 논리가 있었다. 이는 기독교인들에게 가르쳐졌던 '악을 선으로 갚아야 한다'(잠 17:13, 롬 12:17)는 성경의 말씀을 실천하는 것을 의미했다. *

그러나 김세환은 독립선언과 독립청원이란 두 가지의 방법론을 모두 받아들이고 있었던 것으로 보인다. 독립선언'과 '독립청원'의 의미적 차이는 현실 인식의 차이에서 풀어야 한다. 일본의 침략과 지배로 인한 사회,정치적 현실을 긍정하느냐, 부정하느냐에 따라 투쟁 방법론이 달라질 것이기 때문이다. 이런 면에서 기독교는 현실을 인정하는 입장에서 출발하였다. 그렇다고 일본 지배 현실을 긍정하는 의미로 받아들인다는 입장이 아니라 원하지 않지만 엄연한 현실인 이상 이를 수긍하고 그 현실을 변개시켜 보려는 운동을 기독교인들 대부분이 전개한 것이다. 이에 반해 천도교측은 강하게 독립'선언'을 주장했는데, 이것은 일제의 허락 여부와는 상관없이 대 한국인 선언의 성격이 강한 것으로 일제의 지배 현실에 대해 부정하는 태도였기 때문에 그 투쟁방법이 과격해질 가능성이 많았던 것이다. 이런 당시 태도에서 김세환은

---

* 김정희, 「함태영을 통해서 본 3·1운동과 기독교의 관계」, 한국동양정치사상사학회 춘계학술회의, 2018. 33-36쪽.

일제 지배현실을 부정하면서도 국제현실에서는 불리함을 파악하고 독립선언과 독립청원이란 두 가지의 방법론을 모두 받아들이고 있었던 것으로 보인다. 그의 태도는 대다수가 청원론에 기울어져 있던 기독교인들과 차이가 있는 것으로, 그가 재판 도중 향후에도 독립운동을 계속하겠는가 하는 판사의 질문에 확신있게 '그렇다'라고 대답할 수 있는 배경이 되었던 것으로 생각된다.

그런데 여기서 주목되는 점은 김세환이 만세운동을 단순히 민족 자유와 독립을 되찾는 것이라 보지 않았다는 점이다. 그가 기독교적 신앙, 가치 하에서 민족이 자주적 독립과 자유를 되찾는 것이 곧 하나님의 뜻이자 소명임을 뚜렷하게 인식하고 있었던 것이다. 이는 대부분의 기독교인들이 3·1운동에 참여를 "하나님의 뜻"으로 확신하였던 것처럼, 김세환 역시 3·1 운동을 '하나님의 뜻'으로 보는 신앙적 기초 위에서 이 운동에 참여하였던 것이다. 즉 그는 한국인이 당하는 모든 고통과 슬픔의 원인을 제공하는 일제의 지배에서 벗어나 독립과 자유를 되찾는 것이 하나님의 뜻이자 소명이라고 인식하고 신앙적 결단을 통해 이 운동에 참여했던 것이다.*

---

* 김권정, 2020, 보훈부선정 이달의 독립운동가, 김세환.

■ 함께 한 동지들

 김세환의 동지들로 가장 주목할 수 있는 인물은 당시 서울에서 기독교의 중심인물로 3·1운동을 기획했던 박희도인 것 같다. 박희도는 김세환을 3·1운동에 가담하도록 한 장본인이기도 하였다. 김세환은 박희도를 믿고 경기도, 충청도 지역으로가 동조자를 확보하고자 노력하고자 하였던 것이다. 이 장에서는 김세환과 함께 활동한 인물들에 대한 분석을 통하여 김세환에 대하여 살펴보고자 한다.

1) 중앙기독교청년회 간사 박희도

박희도

 박희도는* 1889년 8월 11일 경성부 수창동 229에서 출생하였다. 황해도 해주 의창학교(懿唱學校), 평양 숭실중학교를 졸업하였고, 연희전문학교를 2년 동안 수학하였다. 일찍이 해주군 교회의 전도사, 중앙기독교

---

* 김삼웅, 임헤봉, 김승태, 김순석, 정운현편, 『친일변절자 33인』, 가람기획, 1995.

청년회 간사를 지낸 적이 있다. 삼일운동 당시 학생측의 중심 인물로 만세운동에 참여하여 보안법 위반으로 경성지방법원에서 징역 1년 6월을 언도받고, 가출옥으로 1921년 12월 출옥하였다. 그후 바로 경기도 고양군 숭인면 용두리 교회 주임으로 발령받았다. 1922년 3월 공산주의자 김명식(金明植)과 함께 잡지『신생활』을 경영하면서 사장으로 활동하면서 공산주의사상의 고취에 노력하였다고 하여. 1922년 11월 경성지방법원에서 출판법 위반으로 징역 3년을 받았다. *

박희도의 인적 사항과 김세환과 함께 3·1운동을 주도할 당시의 박희도의 생각 등은 그의 신문조서 등을 통해 짐작해 볼 수 있을 것 같다. 박희도 신문조서(삼일운동 II 三·一 독립선언 관련자 신문조서(고등법원)에서 먼저 인적사항을 살펴보면 다음과 같다.

문: 성명, 연령, 족칭, 직업, 주소, 본적 및 출생지를 말하라.
답: 성명은 박희도.
연령은 31세.
족칭은 –
<u>직업은 중앙기독교청년회 간사.</u>
주소는 경성부 수창동 120번지.

---

* 『왜정인물사』 1권. 박희도.

본적은 경성부 수창동 120번지.

출생지는 해주군 해주면 영정(榮町) 36번지.

문: 작위, 훈장, 기장을 가지고 연금, 은급을 받거나 또는 공직을 가지고 있지 않은가.

답: 없다.

문: 지금까지 형벌을 받은 일은 없는가.

답: 없다.

라고 하여, 박희도는 1889년생으로 김세환과 동갑이다. 본적은 서울, 출생지는 황해도임을 알수 있고, 아울러 김세환이 그를 만났을 당시 중앙기독교청년회 간사였음을 짐작해 볼 수 있다. 아울러 이어진 신문조서에서 3·1운동 당시 박희도의 생각들을 추정해 볼 수 있을 것 같다.

문: 피고는 이승훈과는 교파가 다른가.

답: 그 사람은 장로파이고 나는 감리교이다.

문: 이승훈의 교파는 신홍식, 양전백, 이명룡, 길선주, 함태영의 6명인가.

답: 그 중에 신홍식은 역시 감리파이고 그리고 이갑성이 장로파이다.

문: 종교로 보면 그러한 구별이 있으나 독립운동에 있어서는 이승훈, 그대 이외에도 또 다른 파가 있는 것은 아닌가.

답: 없다.

라고 하여, 박희도는 감리교이고, 함께 한 이승훈 등은 장로파임을 알 수 있다. 여기서 주목되는 것은 김세환은 박희도와 같은 감리교신자였다는 점이다.

아울러 다음의 박희도의 답변은 김세환과 일치점을 발견할 수 있다. 즉, 두사람 모두 독립청원을 주장하고 있는 것이다.

> 문: 그와 같은 운동을 하면 어떤 상황으로 독립이 되게 되는가, 또 그 시기는 언제라고 생각했는가.
> 답: <u>조선이 일본에 병합되어있는 것, 그것은 정의 인도에 위반된 것으로 생각한다. 그래서 이번 기회에 청원하면 일본도 독립을 허여해 줄 것이 틀림없을 것으로 생각했었으나 그 시기에 대해서는 생각하지 못했었다.</u>
> 문: 일본이 승인하지 않는다면 어떻게 할 생각이었는가.
> 답: 그것은 아무래도 어찌할 수 없다. 그러나 우리들은 그것은 절대로 승인해 줄 것으로 확신하고 있었다.
> 문: 그렇게 생각한 것은, 열국의 힘을 빌려서 일본으로 하여금 하는 수 없이 독립을 승인하게 만든다는 그런 운동의 취지에서가 아닌가.
> 답: 그렇지는 않다. 오늘날 일본의 위치는 세계 각국에서 하는 수 없이 승인하도록 할 정도로 약한 나라는 아니라고 생각하고 있다.

2) 종로교회 전도사 겸 삼일학교 교사 임응순

김세환과 함께 활동한 인물로는 수원 종로교회 전도사이자 삼일학교 교사였던 임응순을 들 수 있을 것 같다. 그는 지금까지 별로 주목된 인물은 아니나 김세환이 다니던 종로교회 전도사이고, 같은 직장 동료라는 측면에서 각별히 주목할 필요가 있다고 생각된다. 임응순에 대하여는 그동안 별로 알려진 자료가 없었으나 경찰이 작성한 소행조서가 있어* 그 일단을 파악할 수 있을 것 같다. 이를 보면 다음과 같다.

> 수원군 수원면 북수리 375번지
> 任應淳
>
> 대정 8년 4월 30일자 경성 종로경찰서장으로부터 조회가 있어 위 사람의 소행조서를 별지와 같이 보냄.
> 피고인 임응순 소행조서
> 주소, 출생지: 경기도 광주군 읍내 동부 7통 4호
> 직업, 성명: 예수교 전도사 겸 삼일학교 교사 임응순
> 연령: 당38세
> 성질: 영리하면서 온순함.
> 품행: 이곳에 와서 5·6년이 되지만 술집에 간 일이 없고 품행이 선량함.

---

* 『한민족독립운동사자료집 삼일운동 III』, 삼일독립선언 관련자 신문조서(일반 시위자조서)(일문), 임응순 소행조서

생활상태: 한 달에 30원을 받아서 가족7명을 부양하고 그냥 잘 사는 것으로 인정됨.

빈부 정도: 아무런 부동산은 없고 다만 자기의 보수로 생계를 유지하고 있으니 부자라고 할 수 없다.

교육정도: 한문서당에서 한문을 배웠고 일찍이 20세쯤 서울에서 일본인에게 고용되어 근무한 일이 있고, 그 뒤에 광주공업보통학교의 임시교원을 한 일이 있음.

유년자, 노쇠자 또는 폐질자일 경우는 감독자 또는 부양자의 주소, 직업, 성명: 해당사항 없음.

개전의 가망성 유무: 개전의 가망 있음.

비고

위와 같음

대정 8년 5월 2일

수원경찰서

순사 湯涉仁平

위의 기록을 통하여 임응순에 대한 전반적인 사항을 판단해 볼 수 있다.

임응순은 3월 초 「독립선언서」 등을 배포한 혐의로 종로경찰서에 체포되었다. 8월 4일 경성지방법원에서 '출판법(出版法) 및 보안법(保安法) 위반' 혐의를 인정할 만한 증빙이 충분치 않다고 하여 면소(免訴) 방면되었다.*

---

* 독립유공자공훈록, 임응순

3) 남양교회 목사 동석기

동석기(董錫琪) 목사는 김세환이 박희도와의 상의하에 연락을 취했던 수원인근 남양교회 목사이다. 박희도와 김세환 등은 그가 서양인들과 밀접한 관계를 갖고 있던 인물이었으므로 특별히 공을 많이 들였을 것으로 추정된다.

동석기 목사

동석기는 1881년 4월 6일 함경남도 북청군(北靑郡) 니곡면(泥谷面) 초리(初里)에서 동주홍과 김씨 부인 슬하에서 4남 1녀 중 장남으로 태어났다. 한학을 수학하고 17세에 김씨와 결혼한 뒤 서울로 올라와 잠시 관직생활을 하였으나 오래지 않아 사직하고 1903년 하와이 노동이민에 응모하여 1904년 1월 하와이에 도착하였다. 농장 주인의 배려로 9개월 만에 노동자 생활을 청산하고 미 본토의 감리교 계통 미국 노스웨스턴(Northwestern) 대학에 입학하였다. 하와이를 떠나기 직전 감리교 목사에게 세례를 받았다. 대학시절 법학에서 신학으로 전공을 바꾸고, 1913년 노스웨스턴 개럿신학교(Garrett School of Divinity)를 졸업하고 미국감리교회에서 목사 안수를 받았다.

1913년 12월 귀국한 뒤, 원주지방 순행 목사로 목회 생활을 시작하였다. 1914년 인천 내리교회, 1917년 서울 마포교회를 거쳐 1919년 수원 남양교회 목사로 부임하였다. 자신이 관할하는 사강(沙江)·비봉(飛鳳) 등지를 순회하며 교인들에게 민족의식을 고취시켰다.

북감리교 목사로 재직하던 중 평소 친분이 두터웠던, 1919년 만세운동의 주도자 33인 중 한 사람인 박희도를 통해 만세운동 계획을 접하고 적극 동참하였다. 만세운동의 추진 과정에서 북감리교 계열의 만세시위를 적극 주도하였다. 거사 당일인 3월 1일에는 오후 2시 탑골공원(파고다공원)에서 거행된 독립선언식에 참가하였다. 독립선언식 거행 직후인 오후 2시 30분경 학생·시민들과 함께 독립만세를 외치며 시내를 행진하던 중 경찰에 붙잡혔다. 이 일로 1919년 11월 6일 경성지방법원에서 이른바 보안법 위반으로 징역 7월, 집행유예 3년을 받았다. 대한민국 정부는 1996년 대통령표창을 추서하였다.*

동석기목사는 3·1운동 당시 민족대표 33인 가운데 한사람인 박희도와 절친했고 수원지방의 독립운동 책임자였던 김세환도 자주 만났다. 이러한 만남에서 한국의 독립에 관한 논의를 자주 하였는데 동석기는 일찍이 10년정도 미국 유학

---

* 독립운동인명사전 〈동석기〉

을 다녀온 연유로 영국과 미국의 외교관들과 친분이 깊었다. 동석기는 제1차 세계대전이 끝난 후 민족자결주의의 물결이 세계적으로 일어나는 상황을 남보다 일찍 간파하여 이러한 소식을 박희도 등 여러 인사들에게 전달해 주는 중요한 구미 소식통 역할을 담당하였다. 또한 그가 관할하던 경기 사강·비봉 지역의 여러 교회들을 순회하면서 교회를 위한 활동 이외에도 민족정신과 독립정신을 고취하는 노력으로 그의 목회 지역인 수원지방 일원이 3·1운동의 성역이 되도록 하였다. 3월 1일이 되자 상경하여 오후 2시에 파고다공원의 집회에 참가하였고, 독립선언식을 마친 후에 만세를 부르며 남대문·의주로를 경유하여 정동의 미국 영사관, 광화문, 서대문을 거쳐 프랑스 영사관 총독관저 등을 다니며 시위를 하였고, 미국 영사관에 민족자결주의 운동의 정황을 파리강화회의에 타전 의뢰하다가 검거되어, 8월 30일 경성지방법원에서 징역 7개월의 형을 받고 수감되었다. 복역후 충남 청양교회에서 목회하다가 1922년 교회를 사임하고, 만주 봉천의 영고탑교회에서 1년간 목회를 하였다.*

동석기목사의 3·1운동 당시의 인적 사항은 신문조서를 통

---

* 김익진, 「동석기와 한국 '그리스도의교회'」, 『한국기독교와 역사』한국기독교역사연구소, 1998.

하여* 그 일단을 살펴볼 수 있다.

동석기

위 피고인에 대한 보안법 위반 사건에 관하여 大正 8년 3월 14일 경무총감부에서

조선총독부 검사 山澤佐一郎

조선총독부 재판소 서기 長瀨誠之助

열석한 후, 검사는 피고인에 대하여 신문하기를 다음과 같이 하다.

문: 성명 · 연령 · 신문 · 직업 · 주소 · 본적지 및 출생지는 어떠한 가.

답: 성명 · 연령은 동석기, 39세.

　신분 · 직업은 예수교 목사.

　주소는 경기도 수원군 음덕면 남양리 86번지.

　본적지는 함경남도 북청군 니곡면 초리.

　출생지는 함경남도 북청군 니곡면 초리.

문: 위기 · 훈장 · 종군기장 · 연금 · 은급 또는 공직을 가지고 있지 않은가.

답: 없다.

문: 이제까지 형벌에 처해졌던 일은 없는가.

답: 없다.

문: 그대는 어느 교회의 목사인가.

답: 북감리교의 목사이다. 지금은 수원군 남양교회에 근무하고 있다.

---

* 『한민족독립운동사자료집 삼일운동 Ⅳ』 三 · 一 독립시위 관련자 신문조서 (검사조서)(日文) 동석기 신문조서

동석기의 3·1운동 참여는 다음의 신문조서에서 짐작해 볼 수 있다.

> **문**: 그대는 금년 3월 1일 오후에 학생·군중에 가담하여 조선독립 만세를 부르면서 경성 시내를 돌아다녔는가.
> **답**: 그렇다.
> **문**: 어디에서 군중 속에 들어가 어디까지 다녔는가.
> **답**: 남대문에서 대한문 쪽으로 갔었는데, 학생 등이 만세를 부르면서 오는 것과 만나 나도 조선인으로서 그 군중을 그냥 지나칠 수가 없어 그 속에 끼어 만세를 부르면서 모교(毛橋)에서 대한문으로 돌아오면서 만세를 불렀는데, 그때 학생들이 대한문 안으로 들어갔으므로 나도 같이 들어가려고 했으나 순사가 막았으므로 그냥 물러나서 집으로 돌아갔다.
> **문**: 그대가 조선의 독립운동을 계획한 것은 언제인가.
> **답**: <u>그것은 2월 15일부터 20일경 사이에 수원군의 김세환이라는 사람이 남양에 와서 민족자결이란 것에 대하여 말했다. 그리고 그 이전에도 박희도로부터 이천에서 이야기를 들은 일이 있다.</u>

라고 하여, 김세환이 민족자결에 대하여 이야기하면서 시작되었다고 언급하고 있다. 아울러 동석기는 김세환을 만나기 전에 박희도로부터 이천에서 민족자결주의에 대하여 들었음도 진술하고 있다. 이를 통해서 볼 때, 김세환이 동석기를 만난 것은 박희도와 동석기간에 사전 접촉이 있었던 것으로 추정된다.

이어서 동석기는 3·1운동 참여에 대하여 언급하고 있다.

문: 맨 처음 그대가 이천에서 박희도를 만난 것은 언제인가.
답: 2월 10일경으로 생각된다.
문: 어떻게 해서 이천에서 박희도를 만나게 되었는가.
답: 이천교회에서 사경회(查經會)가 있었을 때 만났다.
문: 그때 박희도는 무슨 말을 하던가.
답: <u>그때 박희도는 이태왕(李太王)의 국장을 당하여 천도교의 손병희 등이 운동을 하고 있으니 예수교도도 그때에는 찬성하지 않으면 안되겠지만 그 상세한 것에 대해서는 뒷날 말하겠다고 하였다.</u>
문: 어떤 운동을 한다고 하던가.
답: 민족자결 같은 말을 하였으나, 그것도 분명하게는 말하지 않고 머지않아 자세한 말을 하겠다고 했을 뿐이다.
문: 그때 동경의 유학생 수백 명이 독립운동을 하였고, 우리 조선에서도 천도교에서 그러한 계획을 하고 있으므로 그것이 일어났을 때에는 예수교도도 함께 일을 하지 않으면 안된다고 박희도가 말하지 않던가.
답: 그렇게 말하였으므로 나는 그것에 찬성했던 것이다.
문: 그 말을 그대의 집에서 했는가.

답: 이천 박희도의 숙소에서 했다.

문: 박희도는 이천에서 그때 며칠이나 체재했는가.

답: 6·7일 쯤이었던 것으로 생각된다.

문: 그 뒤 2월 18일경에 그대는 경성에 와서 청년회관으로 박희도를 찾아간 일이 있는가.

답: 그렇다.

문: 이천에서 박희도를 만난 것은 2월 4일경이 아닌가.

답: 그렇지 않다. 내가 이천에 간 것이 2월 5일인데 박희도는 그 뒤에 왔으므로 2월 7·8일경이었던 것으로 생각된다.

문: 청년회관으로 박희도를 찾아갔을 때 그는 어떤 말을 했는가.

답: 그때 박희도는 지금 천도교에서 계획하고 있는 일에 관하여 천도교도들은 각지에서 경성으로 모이고 있고, 또 그 일에 관하여 각처의 예수교도도 모이고 있으므로 나에게도 4·5일간 체류해 있으라고 하였다. 나는 내 담당 교회의 용무가 있어서 그 다음 날 경성에서 집으로 돌아왔다.

문: 지방에서 천도교·예수교의 유력자들이 경성으로 왔던 것은 독립운동에 관한 모의를 위해서였는가.

답: 그렇다.

라고 하여, 동석기는 이천에서 박희도로부터 들었던 내용들을 언급하고 있다. 이 부분은 김세환이 박희도로부터 어떤 내용들을 사전에 들었는가에 대한 부분과 관련하여 중요한 것이 아닌가 판단된다. 즉, 김세환은 박희도로부터 동경에서의 만세운동 소식, 천도교와의 연합 등 여러 내용을 사전에 충분히 들었을 것으로 추정할 수 있기 때문이다.

동석기는 신문에서 김세환과의 만남도 언급하고 있다. 다음을 보기로 하자.

> 문: 그대는 그 달 27·8일경에 김세환을 만났는가.
> 답: 그렇다. 우리 집에 왔었다.
> 문: 무슨 볼일로 왔었는가.
> 답: 그가 나에게 종이에 주소·성명을 쓰고 날인해 달라고 하기에 내가 왜 그렇게 하느냐고 물었더니 그는 민족자결의 청원을 일본 정부에 하는 청원서라고 하였다.
> 문: 그 종이는 어떤 종이였는가.
> 답: 괘지였다.
> 문: 많은 사람의 성명이 쓰여져 있었는가.
> 답: 아직 한 사람도 쓰여져 있지 않았다.
> 문: 그대는 그것에 대하여 그 종이에 서명·날인해 주었는가.
> 답: 그런 일은 충분한 자기 마음의 각오가 되지 않으면 하기 어렵다고 거절하였다.

라고 하여, 동석기는 서울에서의 3·1운동 참여와 김세환에 대하여 언급하고 있다.

4) 남양지역 지도자 이창회

이창회는 3·1운동 계보도에만 등장하고 있다. 이는 계획 서명명단에는 들어가 있으나 사정상 직접적인 만남이나 서명은 이루어지지 않은 것이 아닌가 한다. 다만 이창회는 당시 남양지역의 대표적 지도자로서 주목된다. 독립기념관 발행『독립운동인명사전』을 통하여 보기로 하자.

> 이창회(李昌會)는 1872년 7월 17일 경기도 수원군(水源郡) 음덕면(陰德面, 현 화성시 남양읍) 남양리(南陽里)에서 아버지 이명현(李明賢)과 어머니 홍미시다(洪美是多)의 장남으로 태어났다. 본관은 경주(慶州)이다. 19세까지 고향의 서당에서 한학을 공부하였다.
>
> 1900년경 고향에 감리교계 남양교회가 건립된 후 기독교 신앙을 받아들이고, 이 교회의 권사 겸 전도사로 활동하였다. 1902년 폴웰학교를 설립·운영하였고, 1906년 사립 보흥학교 부교장을 맡았다. 이 무렵 대한자강회(大韓自强會) 남양지회 책임자로도 활동하면서 교육진흥을 통한 민족의식 고취에 힘쓰는 한편 1907년 보흥학교를 중심으로 국채보상운동에 참여하는 등 애국계몽운동을 전개하였다. 같은 해 남양 순회 구역 전도사로 임명되어 목사가 없던 남양교회를 실질적으로 운영하였다. 1910년 애국계몽운동과 관련하여 동대문경찰서에 붙잡혔다가 풀려났다.
>
> 이듬해 경기도 음죽군(陰竹郡, 현 이천군 장호원읍) 동면으로 이사하여 농사를 지으며 기독교 학교인 제하학교(制荷學校)의 감리(監理)를 맡아 교육활동에 종사하였다. 1918년에는 담당 구역이 경기 광

주(廣州)구역으로 변경되어 분원리(分院里)교회 목사로 재직하였다. 1919년 2월 28일 수원의 남양교회 목사 동석기(董錫琪)를 만나 만세운동에 대하여 협의하고, 3월 1일 경기 수원에서 독립선언서를 제작·배포하는 등 만세시위를 주도하다가 일제 경찰에 붙잡혀서 이른바 보안법 위반으로 서대문감옥에 수감되었다가 8월 면소·석방되었다.

1920년 스스로 목사직을 그만두고 (음)3월경 경기 인천으로 이사하였다. 이때부터 대한민국 임시정부 요원으로 독립운동 자금 모집과 의친왕 이강(李堈)의 망명을 추진하기 위해 파견된 이대정(李大鼎)과 교류하였다. 이후 이대정은 톈진(淸津)에서 체포되어 징역 2년을 받고 1923년 만기로 풀려났다. 1924년 4월 이대정은 블라디보스토크 신한촌(新韓村)에서 고려공산당(高麗共和黨)의 이동휘(李東輝)에게 밀명을 받고 국내로 잠입하였다. 이대정이 9월경 집에 찾아와서 블라디보스토크에 신한공화국(新韓共和國)을 건설하려고 하는데 필요한 자금을 모금하려 하니 자산가를 소개시켜 달라고 요청하였다.

이에 동참하여 준비 장소로 집을 내어주고, 신한공화국의 의회와 정부의 이름으로 선포문(宣布文)과 통첩문(通諜文)을 제작하는 것에 참여하였다. 선포문의 내용은 "조선민족은 1919년 이래 국권회복에 노력해 왔으나 그동안 지방적 감정 또는 매명(賣名)의 무리가 횡행 등으로 인하여 그 성적을 올릴 수 없었으나 각지에 채권을 모집하고 군인을 모아 민족의 자유와 권리를 회복하고자 한다"는 것이었다. 또한 통첩문의 내용은 "신한공화국 정부는 재산조사위원의 보고에 따라 일정금액을 요구하는데 응하지 않으면 사형에 처한다"는 것이었다. 이 선포문과 통첩문을 지니고 9월 말일경부터 10월 초순경까지 부천군(富川郡) 영흥면 임윤배(林允培)와 부천군 대부면 김종윤(金鍾允), 수원에 사는 홍찬후(洪贊厚)·정세환(鄭世煥)·홍중률(洪重律)·이필구(李必求)·한창선(韓昌善) 등에게 독립운동 자금을 모집하였다.

이러한 활동이 일제 경찰에 발각되어 1924년 10월 인천경찰서에 붙잡혔다. 1925년 1월 경성지방법원에서 이른바 '정치에 관한 범죄 처벌의 건' 위반 등으로 징역 2년을 받고 서대문형무소에서 옥고를 겪었다.

대한민국 정부는 2010년 건국훈장 애족장을 추서하였다.

위에서 살펴본 바와 같이, 이창회는 수원군 남양출신으로 기독교인이자 계몽운동가였다. 1918년에는 경기도 광주지역에서 감리교목사로 활동한 인물이므로 김세환과는 친밀한 관계에 있던 지인으로 보인다.

5) 홍성의 김병제목사

2019년 독립운동 100주년을 맞이하여 KBS에서 단독으로 발굴된 "3·1 운동 계보도"에는 3·1운동 민족대표 외에 140명이 포함되었고, 일제 경찰과 밀정의 정보에 의해 체포한 이들에 대한 고문과 조사로 작성되었다. 이곳에 3·1운동 지도자를 비롯하여 그 아래의 계보도가 펼쳐지고 있는데, 그

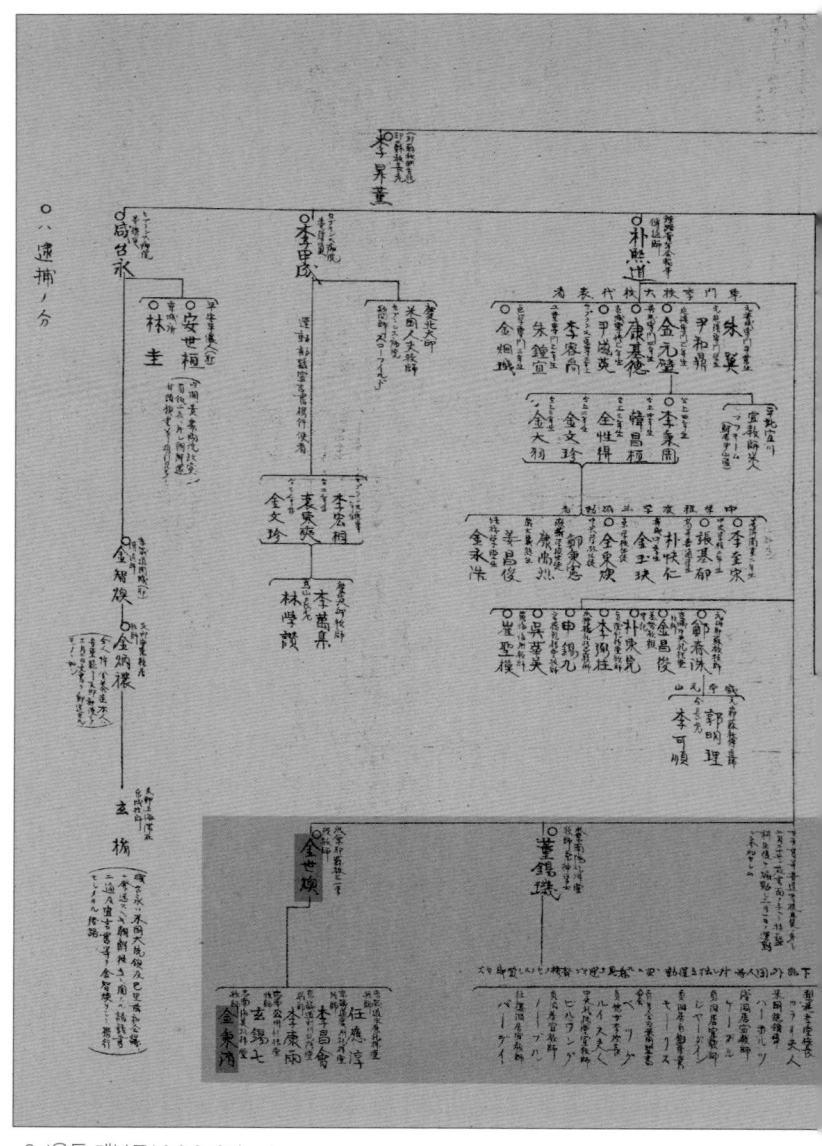

3·1운동 계보도(김광만 제공)

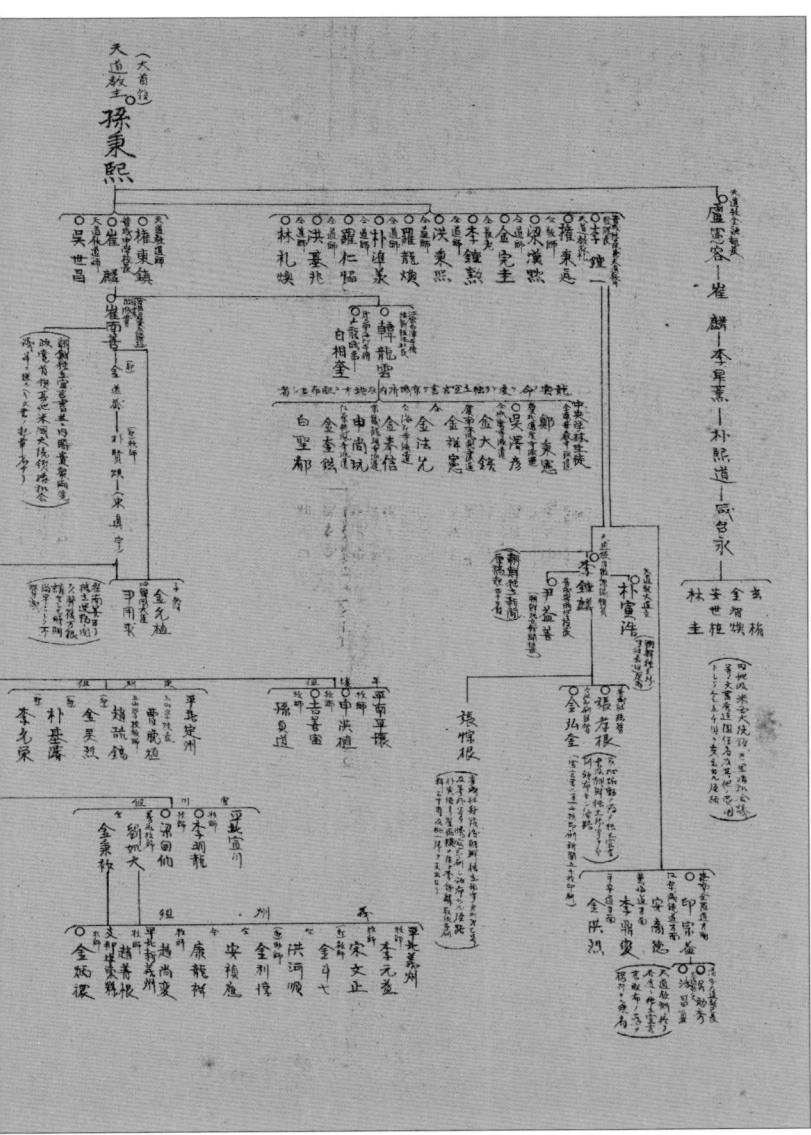

곳에서 예산제일교회 제4대 담임목사였던 김병제 목사(1926-1929)가 보이고 있다. 김병제 목사는 지금까지 충청남도 논산, 천안, 예산지역에서 그저 평범한 목회자로 기억되고 있을 뿐이다. 하지만 지난 공영방송 보도에서 발굴한 자료에 의하면, 충청남도 홍성, 해미, 예산 지역의 3·1 독립운동 책임자로 지목되고 있다. *

김병제(金秉濟) 신문조서를 보면** 그의 인적 사항이 다음과 같이 나와 있다.

> 김병제
> 피고인 손병희 외 361명 보안법 위반 등 사건에 대하여 경성지방법원 예심판사의 촉탁에 의하여 대정 8년 7월 12일 공주지방법원에서
> 예심계 조선총독부 판사 源田留治
> 조선총독부 재판소 서기 異完圭
> 열석하여 예심판사는 증인에 대하여 다음과 같이 신문하다.
> **문:** 성명, 연령, 신분, 직업, 주소를 말하라.
> **답:** 성명, 연령은 김병제, 42세.
> <u>신분, 직업은 감리파 목사.</u>
> <u>주소는 홍성군 홍주면 대교리.</u>

---

* 소요한, 「예산 지역 3·1 독립운동과 기독교-:예산제일감리교회를 중심으로」, 『신학과 세계』104, 2023, 71-98쪽.
** 『한민족독립운동사자료집 삼일운동 L』三·一 독립선언 관련자 신문조서(부록)(日文) 김병제 신문조서

예심판사는 형사소송법 제123조 제1호 내지 제4호 및 제124조 제1호 내지 제6호에 해당하는지 아닌지를 조사하여 그 해당하지 않음을 확인하고 증인으로서 신문할 것을 말해 주고 선서를 하게 하다(선서서는 전재 생략).

이어서 김세환과의 만남을 다음과 같이 진술하고 있다.

<u>문: 증인은 수원의 삼일학교 교사 김세환이 제시한 조선독립청원서에 서명 날인한 일이 있는가.</u>
<u>답: 그런 일은 없다. 그러나 대정 8년 음력 정월 17·8일경에 서산군 해미면 읍내리 예수교회당에서 사경회를 열고 성서 강의를 하고 있는데, 방 밖에서 나를 부르는 사람이 있어서 나가 보았더니, 이전에 한 번쯤 만난 일이 있는 듯한 나이 30세쯤 되는 삼일학교 교사였는지, 공옥(攻玉)학교 교사였는지, 성명을 알 수 없는 사람이 지금 자기 집으로 돌아가는 참이라고 하면서 나에게 인사를 한 일이 있는데, 그 사람이 김세환이었는지, 아닌지도 모른다. 그때에도 단순히 인사를 하였을 뿐으로 다른 아무 이야기도 없이 헤어졌었다.</u>
<u>문: 증인은 그때 김세환에게서 앞에서 물은 청원서에 연서해달라는 청을 받은 것이 아닌가.</u>
<u>답: 그런 일은 없었다.</u>
<u>문: 그때 증인은 김세환에게서 괘지를 받고 조인하여 서울의 목사 朴熙道에게 보내지 않았는가.</u>
<u>답: 그런 일은 없다.</u>

문: 김세환의 요청으로 괘지에 조인하고 박희도에게 보낸 사람을
　　증인은 모르는가.
답: 모른다.

이 신문은 입회서기인 조선총독부 재판소 통역생의 통역에 의하여
행하다.
작성일 대정 8년 7월 12일
공주지방법원
서기 조선총독부 재판소 서기 異完圭
신문자 예심계 조선총독부 판사 源田留治

라고 하여 김세환과는 만났으나 서명을 하지 않았음을 주장하고 있다.

6) 공주의 현석칠목사

현석칠

현석칠(이명: 玄樂園)은 평안남도 평양 유동(柳洞) 70에서 1880년에 출생하였다. 1919년 4월 1일 공주(公州)시장에서 영명학교(永明學校) 학생들이 중심되어 전개한 만세운동을 계획하였고, 이른바 한성정부(漢城政府) 수립운동에 참여하였다.

그는 기독교 목사로서 1919년 3월 24일 오후 9시경, 공주 영명학교에서 이 학교 교사인 김관회(金寬會) 등과 만나 전국적으로 전개되고 있는 만세시위에 호응하여 공주에서도 4월 1일 장날을 이용하여 만세운동을 일으키기로 결의하였다.

 4월 1일 오후 2시경, 영명학교 학생들이 주체가 되어 장터에서 독립선언서를 배포하고 독립만세를 부르며 행진을 하였다. 그는 이 운동의 주도자로 일경에 체포되어 1919년 8월 29일 공주지방법원에서 소위 보안법 및 출판법 위반으로 재판을 받았다.

 현석칠은 한성정부 수립운동에도 적극 참여하였다. 그는 국민대회 간부가 되어 한남수(韓南洙)·이규갑(李奎甲)·이동욱(李東郁) 등과 협의하여 『국민대회취지서』, 『선포문』, 『약법』, 『결의문』등의 원고를 만들고, 이를 민강(閔橿)과 함께 서소문동 이민홍(李敏洪)의 집에서 목판을 이용하여 6,000여 매를 인쇄하였다. 또한 그는 동월 19일경 통의동(通義洞) 김회수(金晦秀)의 방에서 안상덕(安商德)·김유인(金裕寅)·민강 등과 회합하였는데, 그는 기독교 대표로서 이 운동에 소요되는 자금 600원을 제공하기로 하였다. 그는 이튿날 비밀누설을 우려하여 약종상을 경영하여 금전 출납과 왕래자가 빈번한 천정(泉町)에 거주하는 민강에게 500원을 전달하여 지도부에 제공하게 함으로써 국민대회와 한성정부 수립을 적극 지원하였다.

현석칠은 이 사건으로 일경에 체포되어 소위 출판법, 보안법 위반으로 경성지방법원의 공판에 회부되어, 1920년 여름까지 평양감옥에서 옥고를 치렀다. 정부에서는 고인의 공훈을 기려 2004년에 건국포장을 추서하였다.[*]

이처럼 3·1운동 당시 활발히 활동을 전개한 현석칠은 공주를 방문한 김세환과는 직접 만나지 못한 것으로 알려지고 있다.

---

[*] 『독립유공자공훈록』〈현석칠〉 참조

제3장

출옥, 그리고 지역민족 운동가로의 새로운 시작

■ 조선기독교 광문사 설립과 활동

김세환은 1920년 10월 출옥 직후 조선기독교 광문사 설립에 적극 참여하고 있다. 조선광문사의 설립에는 당시 한국기독교의 대표적 지성인들이 대거 참여하였다. 그것은 3·1운동 직후 일제의 통치방식 변화가 큰 배경이 되었다. 이른바 일제가 '문화정치'로 바꾸어 민족의식의 말살을 획책하기 위한 고도

출옥기념(1920. 11. 6)

| 151

의 계산된 계획에서 나온 것이었다 하더라도 외형적으로 한국인들에게 어느 정도 표현의 자유를 허용하는 것처럼 보였던 것이다. 그래서 1931년 만주사변이 일어나고 다시 일제가 강압적인 통치정책을 실시하기 전까지 약 10여 년간 외견상 활발한 문화활동을 펼칠 수 있는 틈새가 생겨났던 것이다.

이런 틈새를 비집고 한국사회와 한국기독교계는 문화활동을 적극 펼쳐 나갔다. 이런 상황 속에서 주체적인 기독교 문화 창출을 목표로 설립된 것이 바로 1921년 8월경의 조선기독교광문사였던 것이다 여기에는 YMCA의 관련 인사들과 3·1운동과 관련되어 투옥되어 옥고를 치룬 이승훈·김창준·김백원·김지환 등이 참여하고 있었는데, 김세환은 아마도 옥고를 같이 치뤘다는 점이 인연이 되어 여기에 참여하게 된 것으로 보인다. 그리하여 이들은 "기독교적 문화운동으로 제반 기독교의 서적을 간행 판매하고……그 외의 잡지 및 기타 도서 간행 및 판매, 일반 인쇄업, 교육용품 판매 또는 이상 업무의 부대사업 등을 경영"하려는 취지로 설립 준비모임이 추진되었고, 여기에 김세환이 참여하게 되었다.

김세환을 비롯한 이들은 강연단을 조직하고 전국을 돌며 순수 한국인 자본으로 설립된 문서선교 기관의 필요성을 역설하면서 주식을 모집했던 것이다. 김세환은 1921년 10월 12

일 여주를 거쳐 충청도 지역의 강연단을 맡아 활발하게 움직이기 시작했다.* 그러나 이후 김세환의 움직임은 어떤 이유에서인지는 더이상 보이지 않는다. 얼마 안가 조선기독교광문사는 조선기독교창문사라는 이름으로 바뀌어 1923년 1월에 정식으로 창립을 하였다. 『신생명』 잡지를 펴내고 단행본을 출판하면서 한국 주체적인 문서선교운동의 시작을 알려나갔다.**

한편 일제의 간섭을 피하기 위해 발행인을 선교사 쿤스(E. W. Koons), 젠소(Genso) 등으로 등록했으나, 실질적인 편집과 발행은 한국인에게 있었다. 초대 주필 전영택을 이어 홍병선·송창근·방인근 등이 편집 실무를 담당하였다. 주요 필자로는 채필근·송창근·김지환·이관용·박동완·최태용·조민형·김창제·최상현·채성식·김인서·강매·고려위·강명석 등 민족의식이 강한 인사들이 참여하였다.***

---

* 동아일보 1920년 10월 21일자 〈김세환씨의 동정, 조선기독교 광문사의 사무를 띄고 각 예배당에서 광문사에 대한 취지설명〉
** 김권정, 『숭실사학』 18 논문 참조
*** 「조선기독교창문사」(『한국민족문화대백과사전』, 한국학중앙연구원)

■ 민립대학 설립운동

 3·1운동에 참여해서 투옥되었다가 거의 1년만에 출옥한 김세환은 다시는 삼일여학교로 돌아갈 수 없었다. 그것은 독립운동자라고 하여 일제의 감시와 경계가 끊이지 않았기 때문이었다. 그래서 3·1운동 이후의 교직생활보다는 수원읍내에서 곡물상을 운영하며 사회활동가로 수원지역의 대표적 명망가로 자리를 잡으면서 여러 사회운동에 참여하였다. 그 중 하나가 민립대학 설립운동이다. 이 운동은 1920년대 초 우리의 손으로 대학을 설립하고자 일어난 일제하의 문화 운동이다.

 1919년 3·1운동이 일어난 뒤 일제가 문화정치를 표방하게 되자, 민족 지도자들은 실력 양성 운동을 벌여 물산장려운동과 민립대학설립운동을 벌려 나갔다. 민립대학설립운동은 1920년 6월 한규설(韓圭卨)·이상재(李商在)·윤치소(尹致昭) 등 100명이 조선교육회설립발기회를 개최하면서 시작되었다. 모임에 참석한 인사들은 우리나라에 대학이 없음을 개탄하고 조속한 시일 내 민립대학을 설립할 것을 결의하였다.

 이듬해인 1922년 1월 이상재·이승훈(李昇薰)·윤치호·김성

수(金性洙)·송진우(宋鎭禹) 등이 남대문통 식도원(食道園)에 모여 조선민립대학기성준비회를 정식으로 결성하였다. 이어 1923년 3월 29일 발기인 1,170명 중 462명이 참석한 가운데 조선중앙기독교청년회관에서 3일간에 걸친 총회를 개최하였다.

조선민립대학 기성회 창립총회(1923.3.29)

총회에서 우리 민족의 운명을 개척하는 데 가장 선결 문제가 교육에 있으며, 문화의 발달과 생활의 향상이 고등교육기관인 대학에 있음을 선언하는 '민립대학발기취지서'를 채택하고 대학 설립 계획서를 확정하였다.

계획서에 따르면 자본금 1000만원을 각출하되, 이를 3개년 계획으로 나누어 실행하는데, 제1차 연도에는 400만원으로 대지 5만평을 구입하여 교실 10동, 대강당 1동을 건축하고, 법과·경제과·문과·이과의 4개 대학 및 예과를 설치하며, 제2차 연도에는 300만원으로 공과를 증설하고 이과와 기타 학과의 충실을 기하며, 제3차 연도에는 300만원으로 의과와 농과를 설치한다는 것 등이었다.

또 총회에서는 이상재·이승훈·조병한(曺炳漢)·김탁(金鐸) 등 30명으로 중앙집행위원회를 구성하고 지방에는 지방부를 두기로 결의하였다. 같은 해 4월 2일 제1회 중앙집행위원회가 소집되어 위원장에 이상재, 상무 위원에 한용운(韓龍雲)·강인택(姜仁澤, 서무)·유성준(兪星濬)·한인봉(韓仁鳳, 회계)·이승훈(사교) 등 9명을 선출하였다.*

한편, 별도로 지방순회선전위원 13명을 선정, 파견하였다. 그 결과 1923년 말까지 전국 100여 개소에 지방부가 조직되고 만주 간도·봉천(奉天), 미국 하와이 등지에도 지방부가 확산, 조직되었다. 바로 이러한 시기에 수원지역에서도 김세환

---

* 이명화, 「민립대학 설립운동의 배경과 성격」, 『한국독립운동사연구』 5, 독립기념관, 1991; 우윤중, 「민립대학 설립운동의 주체와 성격」, 『사림』 58, 수선사학회, 2016.

은 임면수 등과 함께 지부를 조직하고 민립대학설립운동에 참여하고 있다. 조선일보 1923년 3월 24일자 〈민대발기인(民大發起人) 또 새로 네곳에서〉에서 이를 보여주고 있다.

> 민립대학발긔총회도 압흐로 겨우 닷새를 격한 오날에 강원도에서는 이삼군을 제한 외에 다수한골이 아즉까지 소식이 업슴으로 동 준비회에서는 민족뎍 대사업에 실로 유감이라고 생각한다하며 또 새로이온 발긔인의 씨명은 아래와 갓다더라
> 경기 파주군, 정영진(鄭永軫) 이휘용(李輝龍) 송기표(宋基彪)
>   이종철(李鍾哲) 윤흥수(尹興秀)
> 경남 합천군, 진규환(陳圭奐) 정순종(鄭淳鍾)
> 경기 수원군, 이규재(李圭宰) 박기영(朴琦泳) 임면수(林冕洙)
>   윤용희(尹龍熙) 김세환(金世煥)
> 함남 이원군, 강현수(姜賢秀) 김탁(金鐸) 주익진(朱翼鎭) 김하윤(金河潤)

위의 보도에서 살펴볼 수 있는 바와 같이. 김세환은 수원지역의 대표적인 독립운동가인 임면수 등과 함께 수원군 지역 발기인으로 활동하고 있다.

그러나 민립대학설립운동은 결국 일제의 간교한 탄압으로 좌절되었지만, 우리 민족에게 큰 의의를 가져다 주었다. 3·1운동 이후 전 민족이 실력 양성의 기치 아래 거족적인 조직체를 형성하여 민족 단결을 과시함으로써, 그 뒤에 전개되는

민족운동 양상에 있어서 조직적인 단체 결성의 표본이 되었다. 그리고 교육에 의한 민족 독립운동의 지표가 되어 교육운동이 곧 민족 운동이라는 의식을 가지게 하였다.

또한, 일제의 교육 정책에도 영향을 주어 경성제국대학 설립에 촉진제 구실을 하였을 뿐만 아니라 이후에 전개된 민립대학설립운동에도 큰 영향을 주었다. 즉, 1922년 교육령에 따라, 기독교 계통의 전문학교인 이화학당의 연합기독교여자대학으로의 승격 운동이 있었으며, 연희전문학교·세브란스의학교·협성신학교가 연합하여 벌인 종합대학 설립 운동 등이 그것이다.

그러나 결국, 1920년대 이래 우리 민족이 기도하였던 민립대학설립운동은 그때마다 좌절되어 1945년 광복을 맞이할 때까지 이 땅에는 경성제국대학 외에는 단 한 개의 민립 또는 사립대학이 설립되지 못하였다.*

---

* 「민립대학설립운동」, 『한국민족문화대백과사전』.

■ 수원지역 사회운동가

김세환은 1923년 7월 하와이학생 고국방문단 일행이 수원을 방문시 환영회에서 지역유지로서 일정한 역할을 담당하였다.* 조선일보 기사들에서 이를 확인할 수 있다.

새로 조직된 수원기자동맹(동아일보 1930. 3. 30)

〈조선일보 1923년 7월 18일 석간 3 면〉
수원에서도 환영준비
환영회를 조직하고 회원을 모집중
일반의 동정이 만허 성적이 조타고

---

* 최희영, 「1923년 하와이한인학생방문단의 인천방문 주요 내용과 의의」, 『인천학연구』 36, 2022.

하와이 학생 고국방문단 일행이 한번 입정한 이래 수원에서도 그리든 동포를 위하야 본보 수원지국과 동아일보와 매일신보 지국이며 기외 몇몇 단톄의 협의로 하와이 학생 고국방문단 구원 환영회를 조직하고 지난 십삼일 오후 일곱시부터 운곡의원(雲谷醫院)에서 발긔인 총회를 개최하엿든 바에 긔보다모 대성황을 이루웠스며 방금 회원을 모집하는 중인데 동셔로부터 달녀오며 남북으로부터 쒸여오는 참가지원자가 매일 아츰부 저녁까지 밀닌다하며 하와이 학생이 수원에 온다는 일자는 방금 교섭 중임으로 아즉은 모르겟스며 지난번 발긔총회의 경과를 대략소개하건대, 회제(會制)는 간사제로 하되 본보 슈원지국장 엄주텰(嚴柱喆)씨외 십인으로 선명하야 일반사무를 결의케하고, 상무간사로 김세환 지공숙(池公淑) 윤룡희(尹龍熙) 고인관(高仁寬) 엄주철 오씨를 선명하야 일반사무를 집행케 하엿스며 경비는 발긔인은 이원 이상이며 일반 환영회에셔는 열정으로써 제한 임시 출연(出捐)하기로 되엿스며 모든 자셰한 것은 전부 본보 수원지국으로 둔 의혹은 교섭하기를 바란다더라

가상한 일여사(一女史)
쳐지의 궁박함도 불구하고
형편의 과다한 금품을 동정

「하와이」 학생단을 환영하기 위하야 환영회를 조직하고 제반사를 주선 중이라함은 별항과 갓거니와 이 소식을 접한 일반유지 인사의 동정금이 답지하는 중 남창리(南昌里)에 거주하는 김정일녀사(金貞一女史)는 현하 자긔의 쳐지가 궁박함도 불구하고 더욱이 여자의 구속 생활임도 불구하고 돈 오원을 본 수원지국으로 보내엿슴으로 이것을 밧게된 국원 일동은 그 의지의 가상함에 탄복치 아니치 못

하얏다 하며 더욱이 래래로 변치 말고 힘써주기를 바란다는데 아리따운 뜻에는 압헤 천신만고를 두려하지 아니할만한 용긔를 어덧다하며 이 소문을 들은 일반은 칭송함을 마지 아니한다더라(수원)

〈조선일보 1923년 8월 16일 석간 3면〉
하와이학생단(布哇學生團)
금일에 수원방문
손을 꼬바 기다리든 중
반갑게 서로 맛나볼 터
하와이학생단 일행이 수원을 방문한다함에 대하야 수원의 유지인 사제씨의 발긔로 환영준비회를 조직하야 여러 방면으로 노력한다 함은 이미 보도한 바이니와 그 학생단 일행이 금 십육일에 수원에 도착한다 소식이 전파되자 수원인사들은 누구든지 손을 꼬바가며 기다리든 차에 반가운 낫으로 우슴을 띄워가며 맛게 되엿더라(수원)

한편 김세환은 1923년 일본동경유학생이 중심이 된 학우회의 순회강연에서도 지역유지로서 사회를 보았다. 이는 김세환이 일찍이 와세대대학을 유학한 경험이 큰 작용을 한 것이 아닌가 한다.

〈조선일보, 1923년 7월 18일 석간 4면〉
학우회 순강(巡講)의 성황
금반 하기 휴가를 이용하야 각지로 순회하며 열변으로써 널리 각성의 종을 울니는 일본동경유학생으로 조직된 학우회의 순회강연대 일행은 去 14일 오후 4시경 수원에 도착하야 오후 8시부터 당지 종로예배당에셔 본보 수원지국과 4단체의 후원으로 강연을 設行하엿는대 정각전부터 운집하는 청중은 무려히 천여명에 달하야 장내가 입추의 여지가 무하얏스며 정각이 되매 김세환씨 사회하에 연사 金永植, 韓偉鍵, 崔允植 諸氏의 각기 所擔인 藝題로 열변을 토하야 일반청중의 열광적 흥분한 기세는 회장내외에 긴장하얏섯스며 간간히 들녀주는 음악이며 더욱이 李載順君의『고도 경주의 感』이란 독창은 청중에게 다대한 감상을 與하야 만장의 박수성리에셔 동 12시에 폐회하얏더라.

한편 김세환은 1927년부터 1929년까지 동아일보 수원지국의 고문으로 활동하기도 하였다. 즉. 1927년 1월에는 동아일보의 고문 김세환, 지국장은 김병호(金炳浩), 총무는 박선태, 기자는 최신복(崔信福), 서병우(徐丙宇), 고문은 이경의(李敬儀) 등이었다.* 아울러 동아일보 1929년 1월 31일자에 따르면, 동아일보 수원지국 고문 김세환, 기자 박영식(朴泳植), 김도성(金道成), 삼학 주재기자(三鶴 駐在記者) 황은석(黃銀錫) 사임, 기자 황은석 취임 등으로 보도되고 있다.

1920년대 김세환은 조선일보 수원지국에서도 지국장으로 활동하고 있다. 1928년 12월 25일자 석간 4면기사 (사회)사고에 다음과 같은 기사가 이를 반증해 주고 있다.

---

* 동아일보 1927년 1월 12일자

본보 수원지국을 좌와 여(如)히 변경하엿사오니 애독제위(애독제위)
는 조량(照亮)하스서
일. 지국명칭 수원지국일
지국위치 수원읍 북수리
지국원직 씨명, <u>지국장 김세환</u>
조선일보사 백본지국에서 좌(左)와 여(如)히 국원(局員)을 임명하엿
사오니 애독제위는조량하서
총무겸 기자 공석정, 기자 겸 집금인 이용선(李容善)

■ 연대와 협력: 신간회 수원지부 회장

김세환은 1920년대 후반 민족협동전선운동이 제기되면서 설립된 신간회 수원지회에 참여하였다. 3·1운동 이후 국내 민족운동진영은 크게 민족주의세력과 사회주의세력으로 나뉘어졌다. 이는 사회주의사상이 새로운 민족운동의 방법론으로 청년·학생층에게 폭발적으로 수용된 결과였다. 민족운동 진영 내의 두 세력은 서로 다른 가치관과 운동의 방법론으로 인해 갈등과 대립현상을 보였다. 그러나 1920년대 중반부터 일제가 식민통치 방식에 일정 정도 변화를 주어 한국민

족운동 진영의 분열을 꾀하였는데, 여기에 일부 민족주의자들이 이른바 '자치론'의 주장을 통해 이에 호응하는 모습을 보였고, 또 일제가 사회주의세력에 대한 무자비한 탄압을 가함으로써 사회주의세력이 위축되는 상황에 놓이게 되었다. 이에 민족운동 진영에서는 민족주의세력과 사회주의세력이 서로의 관점을 유보하고 민족문제의 해결을 위한 민족협동전선론이 대두하였고, 그 결과 '민족운동 진영의 역량 강화'를 위한 협동논의를 모색하기 시작하면서 신간회가 탄생하게 되었던 것이다.

신간회 대표회 수원서 개최(동아일보, 1929. 5. 20)

이 같은 신간회의 결성에 기독교세력도 천도교세력과 함께 적극 참여했는데, 신간회 결성 당시 기독교 민족주의자로 알려진 이상재가 신간회의 회장으로 선출될 정도로 기독교세력은 신간회 내에 무시할 수 없는 위치를 갖고 있었다. 당시 신간회에 참여한 기독교인들은 민족주의 입장에서 사회주의세력을 민족모순을 해결할 수 있는 운동의 파트너로 인정하고 식민통치에 적극적인 투쟁을 전개하는 것이 기독교의 책무라고 인식하고 있었다. 수원의 경우 신간회 지회설립도 예외가 아니었다.*

　신간회 수원지회는 1927년 10월 8일 3·1운동 후 구국민단을 조직하여 항일민족운동을 전개했던 인사들과 수원의 유지들이 처음으로 북수리 천도교당에 모여 신간회 수원지회 조직문제를 논의하고 조직준비회를 조직하였다. 이어 동년 동월 17일 수원천도교당에서 수원 신간회 지회가 조직되었는데, 김세환의 제자인 김노적의 사회로 개회하여 그의 개회사가 있었다. 그후 경과보고, 임시집행부 선거, 회원심사, 임원선정, 중앙본부에서 파견한 이관구의 취지 설명, 내빈 축사, 언론·집회의 자유 획득 등 안건 결의의 순서로 결성을 마쳤다.

---

* 김권정, 「이달의 독립운동가 김세환」, 2020.

조선일보 1927년 10월 16일

> 신간회 기사 일속(一束)

수원지회 준비

수원지회 설치에 관하야 10월 9일 오후 2시에 성내 천도교 종리원에서 제1회 준비회를 개최하고 지회설치를 가결한 후 그간 본부의 승인을 교섭 중이든 바, 승인을 밧게 되어 지난 14일 오후 4시 전기 처소에서 제2회 준비회를 개최하고 설치대회에 관하여 좌기 사항을 결의하엿다는 바, 동 설치대회에 일반의 방청을 환영한다 하며 동일 밤에 본부 특파 연사의 강연회도 개최한다더라

一. 시일 = 10월 17일 오후 1시

一. 처소 = 성내 천도교 종리원

一. 대회진행방침은 준비위원에게 일임하기로 함(수원)

조선일보 1927년 10월 20일

> 신간회 기사일속

수원지회 설치

10월 17일

신간회 수원지회는 지난 17일 하오 2시부터 당지 읍내 천도교 종리원에서 설립대회를 개최하엿는데 수원에서는 이와 가튼 운동이 초유인만치 참집한 인사도 다수인 중에 일반회원들은 자못 긴장되엇섯고 더욱 본부에서 파견한 이관구(李寬求)씨의 취지설명과 권태휘(權泰彙)씨의 내빈 축사가 잇슨 후 규약통과와 임원 선거 등 중요 안건의 처리가 잇섯고 연하야 다음과 같은 결의가 잇슨 후 실행방침은 간사회에 일임하엿다더라

◇ 결의사항

一. 지방 집단체(熱團體) 박멸의 건

언론 집회 자유 획득에 관한 건

◇ 임원씨명

회장 김노적, 서무부 총간 김병호, 동상간(同常幹) 박영식, 재무부 총간 이각래, 동상간 최신복, 조사연구부 총간 공석정, 동상간 우성규, 조직 선전부 총간 홍종각, 동상간 박봉득, 간사 이연숙 김현설

설립기념강연

신간회 수원지회가 설립되엇슴은 별항과 갓거니와 동지회에서는 동지회 설립을 기념키 위하야 본부에서 파견한 대표 이관구와 밋 권태휘씨를 초청하여 17일 오후 8시부터 수원예배당내에서 대강연회를 개최하엿섯는데 경관의 주의와 중지○의 연발리에 청중은 극히 긴장된 중, 동 10시경에 무사히 폐회하얏는데 연제는 다음과 갓다더라

一. 조선인 농촌경제의 이면, 이관구씨

一. 우리는 단결을 공고히 하자, 권태휘

설립시 간부진으로는 회장에 김노적,* 서무부 총무간사에 김병호(金炳浩), 동 상무간사에 박영식(朴泳植), 재무부 총무간사에 이각래(李珏來), 동 상무간사에 최신복(崔信福), 조사연구

---

* (녹취) 조성운, 「김노적과 수원지역의 민족운동」, 『수원문화사연구』 5, 2002.

부 총무간사에 공석정(孔錫政), 동 상무간사에 우성규(禹聖珪), 조직선전부 총무간사에 홍종각(洪鐘珏), 동 상무간사에 박봉득(朴奉得), 간사에 김현설(金顯卨) 등이 선임되었다.

여기서 주목되는 점은 신간회 창립시 지회장이 김노적이란 점이다. 김노적은 수원상업강습소 시절 김세환의 제자로서 삼일학교의 교사로 활동하는 등 김세환과 같은 그룹이라고 할 수 있다. 특히 김노적은 삼일학교의 교직원인 김병호, 동아일보 지국의 박선태 등과 함께 김세환을 지원하는 대표적 민족주의 세력의 한 사람이라고 할 수 있다. 그런데 김병호가 총무간사를 맡고 있다. 이를 통해 볼 때 신간회 수원지회는 창립시 김세환을 중심으로 하는 기독교 민족주의 세력이 주도권을 잡은 것이 아닌가 판단된다.

진보세력으로는 조사연구부의 공석정을 들 수 있다. 그는 수원 출신으로 신문기자로 근무 중 필화사건으로 구속됐었다. 수원지회 간사를 지냈고, 프롤레타리아 예술동맹(KAFP)회원이었다. 1931년 5월 16일 제2회 전체대회 둘째 날 박승극과 함께 중앙집행위

김세환 일제감시카드(1928)

원으로 선출되었다. 조선일보 다음의 기사에서는 공석정이 강연에 나서고 있음도 살펴볼 수 있다. 제목은 〈인류진화 법칙의 역사적 고찰〉로 중도에 중단될 정도로 신간회 내부에서도 이념에 따른 갈등이 있었던 것으로 보인다.

> 1928년 10월 24일
> 신간 수원지회
> 설립주년 기념
> 강연회 개최
> 신간회 수원지회에서는 지난 16일은 동회설립 일주년기념에 당함으로 일주기념을 의미잇게 지내고자 기념강연회를 동일 하오 8시 회관내에서 개최하고 재무간사 염석주씨의 사회로 좌기와 여히 강연을 하다가 총무간사 공석정씨의 강연은 중도에서 중지를 당하엿스며 일반의 방청까지 금하엿다더라(수원)
> ◇ 연제 및 연사
> 一. 신간수원지회 일주년 기념에 대하야, 김병호
> 一. 인류진화 법칙의 역사적 고찰, 공석정

진보세력의 대표적 인물로는 박승극(朴勝極)을* 들 수 있다. 박승극은 수원 출신으로 1920년대 후반 수원청년동맹, 1929년 청년총동맹에서 활동하다가 1930년 3월 한때 경찰에게

---

* 조성운, 『일제하 수원지역의 민족운동』, 국학자료원, 2003; 성주현, 「일제강점기 박승극의 활동과 재인식」, 『숭실사학』 22, 2009.

검거되기도 하였다. 1931년 5월 신간회 전체대회에 수원 대표로 참가하여 중앙 집행위원으로 선출되었다. 1930년대 수원적색노동조합, 수원노동학원, 수진 농민조합 등을 지도했다.

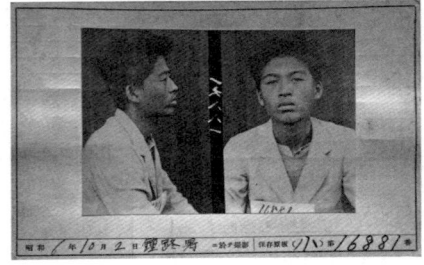

박승극(1931)

우성규(1906~1944)는 그 동안 잘 알려지지 않은 산루리의 독립운동가이다. 화성학원 화성소년회, 수원소년동맹, 수원기자동맹, 신간회 수원지회, 거화회(炬火會), 삼월회(三月會), 에스페란토연구회, 화성학원 교우회, 수원체육회 등에 참여하여 수원 사회운동을 이끌었다. 특히 동아일보 수원지국 기자와 조선일보 수원지국 기자, 중외일보 수원지국장 등으로 활동하였고 수원기자동맹 위원장을 역임하며 지역 언론운동을 주도하였다. 또한 진명여자야학원의 교사로도 활동하는 등 수원지역 사회운동 전반에서 그의 모습을 찾아

우성규

볼 수 있으며 '경성지방법원 검사국 문서'에서 일제에 의해 감시대상이었음을 확인할 수 있다.*

한편 김세환은 1928년 12월 신간회 회장으로 선출되었다. 다음의 신문 기사가 이를 보여주고 있다.

> 조선일보 1928년 12월 23일
> 신간 수원지회
> 정기대회
> 지난 16일 오후 2시에 신간회수원지회에서는 제3회 정기대회를 당지 화성학원에서 열엇다는데 금번대회는 본부 전국대회를 압헤 둔 관계상 모든 중요문제를 토의하기 위하야 동 간사회에서는 먼저부터 당국에 교섭이 빈번하엿섯스나 결국은 모든 것이 뜻대로 되지 못하고 조건부로써 허락을 엇게 되어 유감이나마 그대로 개회한 후 각부 경과보고를 끗마치고 이어서 동지회 개정규약과 반 규약을 통과한 후 좌기사항을 결의하고 임원을 개선한 후 동일 오후 7시반에 무사히 폐회하엿다더라 (수원)
>
> ◇ 결의사항
> 一. 본부 대회건의안 작성의 건
> 一. 대표회원 선정의 건
>   신임간사회에 일임키로
> 一. 수원청년운동촉진에 관한 건

---
* 김경표 작성, 페이스북, 「우상규」

◇ 개선된 임원
지회장 김세환, 부회장 염석주(廉錫柱), 총무간사 이건상(李健相), 김병호, 공석정, 홍종각(洪鍾珏), 간사 김봉희(金鳳喜), 김상근(金相根), 김도생(金道生), 곽병준(郭炳俊), 김현조(金顯祚), 박승극.

그런데 김세환의 신간 수원지회 참여와 관련하여 눈에 띄는 인물들이 바로 김세환세력이라고 할 수 있는 박선태, 김노적, 김병호 등이다. 박선태는 3·1운동 당시 수원지역 만세운동을 주도하였고 진명구락부의 운동부장으로 활동하였다. 그리고 1930년

박선태

신간회 수원지회의 집행위원장을 역임하기도 하였다.* 김노적은 성공회신자로서 수원상업강습소와 배재고보를 졸업하고 3·1운동에 참여하였으며 성공회계열의 진명구락부의 도서부장을 역임하였고, 구국민단과 임시정부에 참여하였다. 그리고 화성학원과 삼일학교의 교사로서 후진을 양성하기도 하였다. 신간회 수원지회 설립 당시 회장을 역임하였다.

---

* 박환, 「구국민단 단장 박선태의 민족운동과 그 향배」, 『잊혀진 민족운동가의 새로운 부활』, 선인, 2016.

감리교인이었던 김병호는 수원삼일학교의 교사, 수원기자동맹, 수원엡윗청년회, 3·1부인야학의 강사 등으로 활동하였다. 이들 세 사람은 당시 기독교세력으로 수원지역 민족운동 진영에서 지도적 위치에 있던 인물들이었다. 이들 중 박선태와 김노적은 김세환의 수원상업강습소 제자로 3·1운동도 그와 긴밀한 관계 속에서 참여할 정도의 사제지간이었고, 김병호는 같은 수원 종로교회 교인이면서 동시에 삼일학교 교사를 지냈다는 점에서 김세환과의 관계가 친밀했을 것임을 알 수 있다.

이렇게 1920년대 기독교세력으로 수원지역 민족운동을 주도하고 있던 이들은 당시 활동이 이렇다 할 만한 것이 없었으나 개인적 관계뿐만 아니라 수원지역 민족운동 진영에서 나름대로 큰 명망성을 갖고 있던 김세환을 신간회 수원지회에 적극 내세우고 지원함으로서 자신들의 운동 기반을 수원지회 내에서 더욱 확대해 나갈 수 있었고, 김세환은 이 과정에서 이들의 지원을 받으며 수원지회에서 지회장의 자리에 오를 수 있었던 것이다.

신간회 수원지회 회장으로 선출된 김세환은 수원지회 산하 각 구역반의 조직 발전에 크게 기여한 것으로 보인다. 다음의 신문 기사는 이를 반증해 주고 있다.

조선일보 1928년 12월 30일
신간 수원지회
각 구역반 조직

신간회 수원지회에서는 정기대회를 경과한 후, 회무를 일층 민첩히 하기 위하야 좌기(左記)와 여히 각 구역을 분(分)하여 반(班)을 설치하게 되엇다는데 조직일자와 장소는 다음과 갓다더라(수원)

◇ 양감반
구역 양감면 전원
일자 12월 30일
장소 양감면 사창리

◇ 오산반
구역 성호면 남부
일자 1월 1일
장소 성호면 오산리

◇ 세교반
구역 태장면, 성호면 북부, 정남면
일자 1월 2일
장소 성호면 세교리 광성학원

◇ 장안반
구역 장안면 우정면 전원
일자 1월 10일
장소 장안면 어은리 (기타는 아직 미정)

그러나 김세환의 신간회 수원지회 회장 활동은 당시 새로운 세력으로 등장한 진보세력에 의하여 원만하게 이루어지기가 간단치 않았던 것으로 보인다. 다음의 신문 기사는 이를 짐작하게 한다.

> 조선일보 1929년 3월 15일
> 수원 신간지회
> 간사회 개최
> 신간회 수원지회에서는 지난 10일 하오 8시에 동회관에서 부회장 염석주씨 사회로 간사회를 열엇는데 지난 3월 1일 경계로 인하야 연기되엇든 집합이만치 처리할 사무도 자못 복잡하엿고 더욱이 전국대회 대표회원 파견에 관한 방법과 지회장 사임원 수리와 기타 신입회원 수리 등이 잇슨 후 알에와 가튼 결의가 잇섯다더라(수원)
> ◇ 결의
> 一. 신간회 해독분자에 관한 건
> 一. 회원정리의 건
> 一. 신춘원(新春園) 유회(遊會)에 관한 건

위의 기사에서 보는 바와 같이, 1929년 3월 10일 지회장 사임원 수리 문제가 언급되고 있는 것이다. 김세환은 1928년 8월 19일 개최된 임시대회에서 지회장에 선출되었고, 그해 12월 16일에 열린 제3회 정기대회에서 또다시 지회장에 선출되었다.

그러나 김세환의 신간회 지회장 활동은 오래 지속되지 못한 것 같다. 조선일보 1929년 7월 26일자 〈신간 수원지회 임

시대회〉에

신간회 수원지회에서는 지난 22일 하오 2시부터 동 회관내에서 염석주씨 사회로 임시대회를 개회하엿는데 정각전부터 운집한 회원으로써 공전의 대성황리에 개막되어 임시집행부로 의장 박봉득, 부의장 홍정헌, 서기장 권순증, 서기 황은석씨가 피선되어 축문낭독, 각부 경과보고, 토의사항 등 토의가 잇슨 후 만세삼창으로 폐회코자 하엿스나 임석경관의 중지로 인하여 박수로 폐회한 다음에 수원청년동맹, 형평사 수원지부, 동아, 중외, 본보 삼지국 연합 초대를 바다 연무대로 자리를 옴기어 진미잇게 놀든 중 지난 신문과 갓히 임석경관으로부터 해산식히는 동시 검속까지 잇섯다더라(수원)

◇ 위원
집행위원장 염석주, 집행위원 서무부장 박승극, 회계 이건상, 조직부 엄선홍, 조사부 김병호, 교육부 공석정 이인o, 홍정헌, 박해병, 김기환, 황은석, 동후보(同候補) 이윤식, 박상창 박상훈, 검사위원 나천강, 홍종각, 이근실, 동 후보 이수경 장주문.

라고 있듯이, 염석주가 집행위원장에 선출되고 있다.

이어 진보세력인 박승극이 신간회 수원지회의 서기장으로서 중요한 역할을 담당하게 된다.

조선일보 1929년 10월 15일
신간 수원지회

설립기념 금지

신간수원지회에서는 지난 십일 상무집행위원회의 결의로 오는 17일에 의의잇는 긔념식을 거행하기 위하야 그동안 준비 중이든바, 11일에 전국 우의단례에 보내는 통지문을 인쇄하랴고 하든 중 당지 경찰이 동지회 서긔장 박승극씨를 소환하여 통지문이 불온할 뿐 아니라 시긔가 적당치 못하니 통지문을 발송치 말라하며 긔념식 거행과 선전삐라 배포와 선전 강연 등을 모다 금지식힌다함으로 그 리유를 루차 질문한 즉, 전긔와 가튼 시긔가 부적당하고 불온하다는 리유답지 안흔 말만함으로 하는 수 업시 그대로 돌아왓다는 바, 동지회에서는 그에 대한 대책을 강구 중이며 일반은 넘우나 심한 경찰을 비난하여 마지 안는다더라(수원)

이는 수원지회의 주도권이 김세환세력에서 박승극세력으로 이전됨을 보여주는 것이 아닌가 판단된다. 그러나 1930년 4월 김세환의 측근인 박선태가 집행위원장이 되며, 박승극과 세력균형을 이루면서 김세환은 다시 검사위원으로 지회에서 활동하게 된다.

조선일보 1930년 5월 3일자
수원신간대회

신간회수원지회에서는 제4회 림시대회를 예정과 가티 지난 25일에 동지회관에서 각 구역 분회반에서 원거리에 도보로 참석한 대표회원과 기존 회원들의 의긔양양한 긔세와 힘잇는 표어가 걸리어

잇는 가운대에 동지회 서긔장의 개회사도 열엇다고 한다(수원)

◇ 임원(任員)

집행위원장 박선태, 집행위원 김병호, 홍종각(洪鍾珏), 김기환(金基桓), 민홍식(閔洪植), 장주문(張柱文), 이수경(李秀經), 우성규(禹聖奎), 박상훈(朴商勳), 황응선(黃應善), 이연O(李演O), 변기재(邊基在), 박봉득(朴奉得), 박해병(朴海秉), 박승극, 공석정, 이원식(李元植)

동후보 조명재(同候補 趙明載) 김재덕(金在德) 이용성(李容成)

<u>검사위원 김세환(金世煥)</u>, 나천강(羅天綱), 이창용(李昌鎔), 박근실(朴謹實), 이각래(李珏來)(이하 중략)

◇ 대표회원

박승극(朴勝極) 공석정(孔錫政) 후보 민홍식(閔洪植)

◇ **집행위원회**=별항대회가 끗난후 즉석에서 제4년도 제1회 집행위회를 열고 다음과 가티 부서를 분담하엿다 한다.

◇ 부서

서기장 민홍식(閔洪植), 회계 김병호, 조직부장 홍종각, 선전부장 공석정, 조사부장 우성규(禹聖奎), 교육부장 박봉득(朴奉得), 연락부장 박승극.

◇ **검사위원회**=제4년도 제1회 검사원회를 열고 다음과 가티 검사위원장을 선출하엿다 한다

검사위원장 이각래(李珏來)

한편 김세환은 1920년대 후반 박선태·김병호 등과 함께 신간회 수원지회가 아닌 그 외곽에 새로운 조직체를 만든다. 1929년 8월 30일 김세환이 회장, 부회장에 박선태, 이사 중

에 김병호가 들어간 수원체육회가 조직되었다. 이것은 1928년 중반 이후부터 수원청년회를 중심으로 사회주의세력이 수원청년운동을 장악하고 신간회 수원지회에 그 영향력을 확대하려는 시점과 맞물려 있었다. 김세환을 비롯한 박선태·김병호 등은 신간회 수원지회 내에서의 입지 강화와 수원지역 청년운동에서 사회주의세력에 대한 견제라는 측면에서 수원체육회를 조직하였다는 점이다. 그런 과정을 잘 보여준 것이 바로 1929년 9월 28일 수원체육회가 수원시민대운동회를 개최하면서 사회주의세력이 장악하고 있는 수원청년회 운동장을 사전 양해없이 사용하려고 했다는 이유에서 일어난 분쟁이었다.

이처럼 김세환의 신간회 수원지회의 참여는 단순히 명망성 차원에서만 이루어진 것이 아니라 그를 내세움으로써 수원지역 민족운동의 정통성을 내세우며 수원지회 내의 입지 강화를 모색하고 그 외곽에는 수원체육회를 조직하여 민족주의 청년운동세력을 강화하려고 하는 민족주의진영의 방침과 연결되어 있었던 것이다. *

---

* 조성운, 「일제하 수원지방의 신간회운동」, 『수원문화사연구』 4, 2001.

수원체육회 초대 회장

김세환은 그동안 체계화되지 않은 수원지역 체육을 1929년 8월 30일 수원체육회를 창립함으로써 지역 체육발전의 토대를 마련하였다. 이는 그 이후 수원지역 체육발전에 큰 기여를 하였다.* 아울러 김세환은 수원체육회 조직을 통하여 새롭게 성장해오는 수원청년동맹 등 사회주의 계열 단체와의 대결에서 박선태 등을 통하여 자신들 세력의 유지발전을 도모하고자 한 것 같다.

1) 수원체육회의 설립

수원지역에서는 일제 강점기부터 체육 관련단체가 설립되어 체육진흥에 힘썼다. 1920년대 초반에는 수원청년구락부가 체육활동에 적극적이었다. 이 단체는 1920년 6월 6일 화령전 풍화당에서 최상훈 등이 중심이 되어 지식계발과 체육증진, 풍습개선 등을 목적으로 조직되었다. 수원청년구락부의 운동부는 축구, 정구, 야구 등의 팀을 조직하여 스포츠경기를 개최하였다. 수원청년구락부 소유의 운동장에서 시민

---

* 박환, 「수원지역 근대 체육의 발전」, 『근대민족운동의 재발견』, 선인, 2022.

운동회 등 수원지역의 각종 스포츠경기가 진행되었다.

조선일보 1927년 6월 16일자 〈수원군내에 체육협회창립〉이라는 다음의 기사에서 볼 수 있듯이, 1927년 6월 10일 수원체육회가 조직되었다.

창립기념사업으로
시민운동대회개최

수원체육회 창립총회는 기보(旣報)한 바와 여(如)히 지난 10일 오후 9시에 성내 영락관(城內 永樂舘)에서 김노적씨 사회로 개회하야 회칙 통과, 위원선거, 창립기념사업건 등의 의사(議事)를 진행하고 동 12시경에 폐회한 후, 간결한 야찬(夜餐)이 잇섯다는 바, 당일의 결의사항과 피선된 임원은 여좌(如左)하다더라(수원)

위원장 홍사훈(洪思勛)
서무부위원: 이완선(李完善), 부원 윤용희(尹龍熙), 정광수(鄭光秀)
경리부위원: 김노적(金露積), 부원 방구현(方九鉉), 우성규(禹聖奎)
운동부위원: 박선태(朴善泰), 부원 김행권(金幸權), 방구현(方九鉉),
  김현모(金顯模), 박봉득(朴奉得)
심판부위원: 김성환(金星煥), 부원 김종악(部員 金鍾樂) 김승환(金升煥)
  이용성(李用成) 이각래(李珏來)

일. 창립기념사업으로 시민육상대운동회 개최에 관하야 고려의 건.

주요 임원으로 홍사훈, 김노적, 박선태, 이완선, 김성환, 이용성 등이 활동하였다.

1920년대 후반 수원청년회의 활동이 쇠퇴해 가자 1929년 8월 30일 수원청년회의 중심인물이었던 김세환을 위원장으로 수원체육회가 새롭게 창립되게 된다. 『동아일보』에서는 1929년 9월 5일자로, 〈수원체육협회 창립, 시민대운동회〉라는 제목하에,

> 종래 있던 체육협회는 해산, 9월 내 개최하기로 결의
> 하등의 활동이 없다고 하여 일반에 한 말성거리가 되어 오든 중, 이를 유감으로 여기던 수원 유지 몇몇 사람은 체육협회 간부와 상의한 결과, 무능력한 회를 해체하고, 다시 힘 있고 활동 있는 산 단체를 만드는 것이 좋겠다고 결론하여 얼마 전에 체육회 간부가 모이어, 동회를 해체하기로 가결하여, 즉시 해체를 하자, 그 자리에서 수원체육회를 조직키로 준비회를 열은 후, 각 방면으로 활동하던 바, 지난달 30일 오후 8시 반에 수원공회당에서 <u>수원체육회 창립총회를 김세환씨 사회로 개회하고 경과보고와 임시집행부 선거로, 역시 김세환씨가 의장에 피선되어</u> 일사천리로 규칙통과와 다음과 같은 임원선거가 있는 후에, 기타사항에 이르러, 9월안에 수원시민대운동회를 개최하기로 만창일치 가결하고 그에 대한 모든 실행방법은 이사회와 간사회에 일임하기로 한 후 동야 11시반에 산회하였다더라.

피선된 임원
<u>회장 김세환</u>, 부회장 박선태, 이사 홍사훈씨와 9인
간사 방구현씨외 12인

라고 하고 있다. 또한 조선일보 1929년 9월 7일자에서도 다음과 같이 수원체육회 창립을 보도하였다.

수원체육회 창립대회
지난달 30일 오후 8시반에 수원공회당에서 수원체육회 창립총회를 김세환씨 사회로 개최하고 각종 협의와 임원선거를 하엿다더라 (수원)

◇ 임원
<u>회장 김세환</u>, 부회장 박선태
이사: 김병호(金炳浩) 김세완(金世玩) 차의순(車義舜) 홍사훈(洪思勛) 이완선(李完善) 이창용(李昌鎔) 신현익(申鉉益) 홍사혁(洪思爀) 양규봉(梁奎鳳) 홍사선(洪思先).
조직 선전부 상무간사, 방구현(方九鉉), 간사 김승환(金升煥) 신백균(申栢均), 서무부상무간사 김도생(金道生), 간사 이종육(李鍾陸), 김현(金顯) 박점동(朴点童), 경기부 상무간사, 홍사극(洪思克), 축구부 김행권(金幸權), 야구부 이용성(李容成), 정구부 차철순(車哲舜) 수상경기부 이대현(李大鉉) 육상경기부 장보라(張保羅)

위에서 알수 있듯이, 창립된 수원체육회에서는 축구, 야구,

정구, 육상, 수영 등의 운동부를 설치 운영하였다.*

2) 수원청년동맹과의 갈등

수원체육회는 조직의 단합과 단결을 위하여 1929년 9월 28일 수원시민대운동회를 개최하고자 하였다. 그러나 수원체육회가 청년회의 양해 없이 수원청년회 운동장을 운동회 장소로 사용하겠다고 광고함으로써, 문제가 불거졌다.** 조선일보 1929년 10월 14일자에서도 이 문제를 크게 다루고 있다. 이를 보면 다음과 같다.

> 수원청년회운동장
> 사용분규 후보
> 체육회 정식 교섭으로 사용허락
> 시민운동회만은 허락
> 수원청년회와 수원체육회 사이에 운동장 사용관계로 문제가 착잡하게 되엇다 함은 기보한 바 어니와, 이래 암암리에 두 단체에서는 만흔 혐의를 가지고 왓스며 일반사회에는 별별 말이 다 돌아단이게 되엇슬 뿐아니라 수원체육회 주최인 시민대운동회가 차차 갓가워 옴을 따라서 동사건의 전개가 매우 주목 중에 잇든 바, 지난 10일에는 수원체육회에서 수원청년회 운동장 사용을 정식으로 교섭함으로 청년회에서는 이 사건만은 일반시민에게 악감이나 주지

---

* 『중외일보』 1929년 9월 2일자 수원에서 체육회 창립
** 『조선일보』 1929년 10월 14일자, 수원청년회운동장 사용 분규 후보, 톄육회 정식 교섭으로 사용허락, 시민운동회만은 허락

안흘가하여 회원의 동의를 들어더서 사용을 허락한 것으로 일단락을 지엇다더라 (수원)

이 사건에 대한 청년회원 某氏談

별항 보도와 가티 운동장 사용문제로 말미암아 수원사회에서 주목을 하든 바, 수원청년회원 모씨는 이에 대하야 말하되 『단지 체육회에서 우리 회의 운동장을 빌어 시민운동회를 한다면 별문제가 잇겟습니가? 그러나 아시는 바와 가티 체육회는 우리 수원사회 단체와 실질상 다른 것뿐 아니라 본회에서 아모 허락도 업시 사용한다는 것을 자의 광고한 것은 잘못이지요. 더구나 동회의 중요간부이고 전자청년회에도 묵어운 책임을 가지고 잇든 모씨는 우리들 단체의 운동장 소유권까지 박탈하려는 야심이 발로되엇슴으로 실상은 그것이 큰 문제이지요. 그러나 금번 시민대운동회만은 일반 시민이 어찌 생각할가하여 빌려준 것이고 내막에는 그러케 단순한 것이 아니라 매우 복잡한 문제가 잠재하여 잇슴니다』하더라

체육회부회장 朴氏談

수원체육회 부회장 박선태(朴善泰)씨는 말하되 『우리 체육회로서는 그런 일이 업서서 모르겟슴니다 그러나 누구나 청년회운동장이라는 것은 잘 아는 바인데 부인한다고 될라고요? 하여간 체육회의 몃 개인 문제인지는 모르나 나는 이에 대하야는 몰으겟슴니다』하더라 (수원)

위의 기사에서 보는 바와 같이, 조선일보에서 크게 보도하

고 있다. 이것은 수원청년동맹과 수원체육회의 노선 갈등의 일면을 보여주는 것이기 때문이 아닌가 한다. 즉 수원체육회의 김세환, 박선태 등 지도부는 민족적 성향을, 수원청년동맹은 사회주의 성향을 갖고 있었기 때문이다.

한편 수원체육회가 조직된 후 수원에서는 시민대운동회가 활발히 개최되었다. 『조선일보』 1929년 10월 16일 석간 3면에서 수원시민운동회가 개최되었음을 살펴볼 수 있다. 당시 운동회에서 진행된 행사 종목은 1935년 5월 16일 개최된 제7회 수원시민대운동회를 통해 확인할 수 있다. 이 행사는 수원체육회가 주최하고 각 신문지국과 수원실업협회, 수원포목상 조합이 후원한 대규모 운동회였다.

경기는 일반부와 학생부, 상점부, 소년부, 일반여자부로 나누어졌고, 한 사람당 5종에 참여할 수 있었다. 일반부 종목은 ① 추첨경기, ② 시대경주, ③ 통 굴리기, ④ 제등경주, ⑤ 묘대경주, ⑥ 조담경주, ⑦ 장애물경주, ⑧ 200m경주, ⑨ 400m경주, ⑩ 800m경주, ⑪ 1,500m경주, ⑫ 장거리경주, ⑬ 각 동릴레이(800m), ⑭ 각 단체 릴레이(800m), ⑮ 소년단릴레이(800m)가 있었다.

학생부는 중등 이상 학생부로 ① 200m경주, ② 400m경주, ③ 800m경주, ④ 대항릴레이(800m) 등의 종목이 있었고, 상점부 종목은 ① 계산경주, ② 주산경주, ③ 포장경주, ④ 자전거 배달경주, ⑤ 매물경주, ⑥ 여행경주, ⑦ 자전거 경주, ⑧ 제상경주, ⑨ 대항릴레이(800m)가 있었다. 소년부는 ① 200m경주, ② 400m경주, ③ 대항릴레이(800m) 등의 종목이, 일반여자부는 ① 50m경주, ② 재봉경주, ③ 스푼경주 등의 종목이 있었다. 대체로 육상경기가 중심이 되었고, 경기 참가자의 특성에 따라 종목에는 차이가 있었다.[*]

---

[*] 『수원시사』 9, 수원의 문화와 예술, 2014, 461-466쪽.

제4장

역사 속의 기억, 김세환의 정신

■ 김세환의 키드들: 수원구국민단

1920년대 삼일여학교 전경(C.Brownlee, KINDERGARTEN AND KINDERGARTEK TRAINING SCHOOL, FIFTY YEARS OF LIGHTS, 1938).

수원 구국민단 해당기사(동아일보 1921. 4. 26)

　김세환은 1919년 3·1운동에 참여한 후 동년 3월 12일 서울 당주동에서 체포되어 1920년 10월 무죄로 석방될 때까지 1년 6개월여 동안 서대문형무소에 투옥되었다. 그러나 김세환의 영향을 받은 김노적, 박선태 등 수원지역의 청년들과 이선경, 최문순, 임순남 등 여학생들, 삼일여학교 교사 차인재 등은 그의 뜻을 받들어 수원에서 비밀결사 구국민단을* 조직하여 활발히 활동을 전개하였다. 김노적과 박선태는 수원상업강습소에서, 차인재와 임순남 등은 삼일여학교에서, 이선경, 최문순 등은 수원지역에서 김세환의 감화를 입은 인

---

*　박환, 「1920년대 초 수원지방의 비밀결사운동-혈복단과 구국민단을 중심으로-」, 『경기지역 3·1독립운동사』, 선인, 2007.

물들이다.

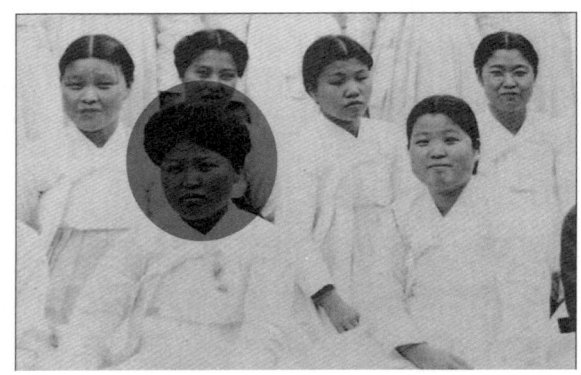

차인재 이화학당시절(앞줄 왼쪽)

김세환(1916. 8. 24)

1) 수원지방의 3·1운동과 김세환

수원지방에는 일제가 조선을 강점한 후 권업모범장을 설치하는 한편 동산(東山)농장, 국무(國武)농장들을 설치하여 한인 농민들을 수탈하고 있었으며, 거주하고 있는 일본인수는 1천여명이 달하였다. 이러한 가운데 서울에서 3·1운동이 전개되자 수원지방에서도 3월 1일부터 시작하여 3월 20일 이후 만세운동이 본격적으로 일어나 4월 중순경까지 지속되었다.

수원지방의 만세운동의 발단은 크게 기독교계열과 천도교계열로 대변하여 볼 수 있다. 우선 기독교 계열을 보면 3·1운동의 시작은 중앙 YMCA의 간사이며, 북감리교회의 전도사인 박희도로부터 시작되었다. 그는 북감리교회의 교인이었기 때문에 수원지방의 교인이나 목사와 친분을 갖고 있었다. 특히 그는 삼일여학교의 학감으로 있던 김세환과 학교 문제로 자주 접촉할 기회가 많았다. 김세환은 박희도의 주선으로 1919년 2월 20일 이갑성집에서 개최된 회의때부터 참석하였다. 이 회의에서 김세환은 경기도와 충청도 지역을 담당하게 되었다. 그 후 그는 충청남도 해미, 공주 등지를 다니며 독립운동세력을 규합하고자 하였다. 아울러 수원에서 남양교회 목사 동석기를 만나 운동을 함께 할 것을 권유하였다. 이어서 오산, 이천 등지에서도 운동세력을 규합하고 수원에서는

수원군 사람들의 고종 장례식 참여(수원인민일동 봉도기)

서울에서의 고종장례식

종로교회 전도사 임응순을 규합하였다.*

한편 천도교측에서도 만세운동을 준비하고 있었다. 수원에서는 이병헌이 서울 천도교 본부와 접촉하고 있었다. 그는 1911년에 천도교 수원군 제544 강습소 및 중앙총부 제1회 종학 강습소를 수료한 인물로, 1913년에는 수원교구 현덕면 순회교사, 1916년에는 이문원, 1917-8년에는 전제원, 1918-9년에는 금융원으로 활동한 인물이었다. 이병헌은 1919년 1월 7일 동대문 밖 상춘각(常春園)에서 손병희로부터 민족자결주의에 따른 만세운동의 필요성에 대하여 들었다. 그리고 그는 동년 2월 27일 보성사(普成社)에서 독립선언문을 인쇄하여 천도교당으로 비밀리에 직접 운반하는 한편 경기도 지역에 이를 배포하기 위하여 수원으로 갔던 것이다.**

수원지역의 3·1운동은 김세환과 김노적, 박선태 등의 주도로 이루어졌다. 그러나 당시 김세환은 서울에 있었으므로 직접 참여하지는 못하였다. 김노적은 수원면 산루리(山樓里, 현재 수원시 중동 근처) 74번지에서 출생하였다. 어려서 한학을 공부한 그는 수원상업강습소를 마치고 그곳의 교원으로 근무하고 있었다. 그는 김세환의 영향을 받아 3·1운동때 그의 활동

---

*　1919년 김세환 재판기록 참조(『수원지방의 삼일운동사』, 왕도출판사, 1981)
**『三一同仁會發起人趣旨文及幹部略歷』, 1961, 필사본, 이병헌조 참조

을 도와 청년층과 서민층을 운동에 참여하도록 적극 유도하였다.* 박선태 역시 김노적과 같은 수원면 산루리 출신으로 휘문고등보통학교를 다니다 가정 형편이 넉넉하지 않은 관계로 집에 머물러 있다가 수원상업강습소의 보조교사로 일하고 있었다. 여기서 그는 김세환, 김노적 등과 의기 상통하여 만세운동의 연락책임 및 전위대를 맡아 시위대 젊은이들과 함께 선두에서 만세운동에 참가하였다.**

수원면에서는 1919년 3월 1일부터 만세운동이 전개되었다. 처음에는 북문안 화홍문에서 전개되었으며,*** 3월 16일 장날에는 팔달산 서장대와 동문안 연무대에 각각 수백명이 모여 만세운동을 전개하였다. 한편 이날 11시경 북수리에 있는 천도교에서는 서울서 연락차 내려원 이병헌이 교구에 있다는 소식을 듣고 교인들이 집합하자 일본인 소방대 수십인에게 난타를 당하여 십여명이 다쳤으며, 교구 물품 전부를 파괴하였다.**** 또 왜경들은 삼일여학교가 3·1운동을 주도한 김세환의 근무처이므로 혹시 주모자들이 모일 것이라고

---

* 그 후 김노적은 김세환과 함께 일경에 체포되었으며, 심한고문으로 두계골이 파열되기도 하였다. 1922년 일제는 다시 그를 구속하였으나 다시는 청년들을 규합하지 않겠다는 조건으로 석방된후 중국 남경으로 망명하였다.(『수원시사』, 307쪽)
** 『수원시사』, 305쪽
*** 이병헌, 『3·1운동비사』, 시사시보사출판국, 1959, 868쪽
**** 「수원군종리원연혁」 30쪽에는 3월 31일이라고 밝히고 있다.

예상하여 밤 12시경에 습격하였으나 사람들이 없자 학교의 기물과 사무실을 파괴하였다.* 또한 3월 23일에는 수원역 근처인 서호(西湖)에서 만세운동이 전개되는 등 4월 중순까지 만세운동이 계속되었다.**

한편 수원지역에서는 기생들의 시위 역시 전개되었다. 수원의 기생촌은 남문 위 남수리에 있었는데 20여명이었다. 그들은 3월 29일 자혜병원으로 검사를 받으러 가다가 경찰서 앞에서 기생 김향화의 선창에 따라 일제히 만세를 불렀던 것이다.***

성호면(城湖面) 오산리에서도 삼일운동이 활발히 전개되었다. 이 지역에서는 3월 25일 보통학교 졸업자와 천도교도들이 금융조합과 일본인 중국인 가옥을 파괴하였으며, 3월 29일에는 800명이 참가한 가운데 오산장날을 기회로 전개되었다. 또한 송산면(松山面) 사강리에서도 3월 26-7일 만세운동이 전개되었으며, 3월 28일에는 사강리 장날을 이용하여 700여명이 만세운동에 참가하였다. 그밖에도 우정면, 장안면, 향남면 등에서도 만세운동이 전개되었다. 특히 향남면

---

* 이병헌, 앞의 책, 868쪽.
** 홍석창, 앞의 책, 223-224쪽.
*** 앞의 책, 232쪽.

발안에서는 3월 31일 기독교인과 천도교인 그리고 농민들 1,000여명이 태극기를 앞세우고 만세시위를 벌였으며, 이후에도 4월 1일, 4월 5일에 격렬한 시위를 벌였다. 이에 일제는 한인들에 대한 대대적인 탄압을 전개하였으며, 그 가운데 제암리의 경우는 교회당 뿐만 아니라 온 마을을 불사르고 사람들을 참혹하게 참살하였다.* 이때 사망한 사람들 가운데에는 수원대교구 관내 향남면 제암리 전교사 안종환(安鍾煥) 외 천도교 신자 16명이 있었다.**

2) 대한독립애국단의 해체와 혈복단의 결성

3·1운동이후에도 수원지방의 항일운동은 계속되었다. 그러나 이러한 운동의 형태는 만세운동때처럼 공개적인 운동이 아니었다. 일제의 탄압이 강화되었으므로 지하화하고 비밀리에 이루어졌던 것이다. 한편 일제가 문화정치를 표방하였으므로 공개적이고 합법적인 운동도 전개되었다. 그러나 이러한 운동 역시 만세운동 당시와는 일정한 차이를 보이고 있었다. 즉 겉으로는 일제에 순종하는 듯하면서 운동을 전개하여 나갔던 것이다. 또한 운동의 형태도 만세운동에서 좀더

---

* 전동례 구술, 『두렁바위에 흐르는 눈물』, 뿌리깊은나무, 1981, 33쪽, 강신범, 『제암교회 3·1운동사』, 도서출판 공동체, 1992, 29-38쪽.
** 「수원군종리원연혁」 30쪽.

다양한 형태로 변화 발전하였다. 노동운동, 농민운동, 청년운동 등이 그것이다.

3·1운동 이후 일제의 감시가 강화되자 수원지방에서는 혈복단(血復團)이라는 비밀결사가 조직되었다. 이 단체의 조직 과정은 서울에서 1919년부터 1920년까지 비밀결사로서 활동하였던 대한독립애국단과 밀접한 관련을 맺고 있다. 대한독립애국단은 충남 논산출신의 기독교인으로 서울에서 기독교 계통의 교육사업에 종사하다가 3·1운동에 참여했던 신현구(申鉉九)가 주도하여 1919년 5월에 결성한 단체였다. 이 단체는 서울에 본부를 두었으며, 주요 간부는 단장 신현구, 재무총장 김순호(金順皓), 재무감독 문봉의(文鳳儀) 등이었다. 구성원은 신교육을 받은 20대의 청년층이 그 중심을 이루었으며, 강원도, 충청도, 전라도 등지에 지단을 갖고 그 아래에 군단까지 두었던 임시정부 지원 단체였다. 이 단체의 주요 활동은 대한민국임시정부의 선전, 통신 연락, 자금 수합 등이었다.*

애국단 구성원들은 단장 신현구가 1919년 11월 20일에 일경에 피체되어 조직이 와해되자 다시 혈복단을 결성하였

---

* 장석흥, 「대한독립애국단연구」, 『한국독립운동사연구』 1, 독립기념관 한국독립운동사연구소, 1987, 182-192쪽.

다.* 혈복단은 임시정부 특파원 김태원(金泰源)과 애국단의 안교일(安敎一), 김교선(金敎善), 신봉균(申鳳均), 신상균(申相均), 이정방(李鼎邦) 등이 1919년 11월 경에 종로구 5정목 김교선의 집에서 결성한 비밀결사였다. 이 단체는 조선독립운동 자금의 모집과 독립을 위한 민족의식 고취를 목적으로 하고 있었다.**

혈복단이 수원에 지부를 두고 있었던 점은 우선 수원 혈복단에 참여한 윤익중(尹益重)이 서병철(徐丙轍)과 같은 애국단 및 혈복단의 인사와 교유를 갖고 있었다는 점을 통해서 짐작해 볼 수 있다.*** 다음으로는 서울에서 임시정부의 문서 및 독립신문을 받아와 배포하였다는 기록을 통해서 추론해 볼 수 있다.****

수원 혈복단을 결성하는 데 중심적인 역할을 한 것은 이종득(李得壽, 일명 李鍾祥)이였다. 그는 경성기독교청년학관 학생으로 수원에 거주하며 서울로 통학하고 있었다.***** 1919년 3월 서울에서 3·1운동이 전개되자 그는 만세운동에 참가하다 본정(本町) 경찰서에 체포되어 종로 구치감에서 20일 동

---
* 장석흥, 위의 논문, 183쪽.
** 동아일보 1921년 6월 26일자
*** 독립운동사편찬위원회, 『독립운동사』 7, 1978, 359-361쪽.
**** 매일신보 1921년 4월 6일자
***** 동아일보 1920년 8월 20일자

안 구류될 정도로 항일의식을 소유하고 있던 인물이었다. 그런 그가 임시정부와 연계를 맺게 된 것은 자신의 한문선생이었던 차관호(車寬鎬)를 통해서였다.* 차관호는 당시 임시정부에서 독립신문의 발간 및 배포에 관여하고 있던 인물이었다.** 차관호는 제자인 이득수에게 계속 편지를 보내 민족의식을 고취시키는 한편 독립신문을 보내 이를 배포하도록 하였다.*** 이에 이득수는 동대문에 있는 부인병원의 박성환(朴聖煥)으로부터**** 독립신문 수십매를 인수받아 동지인 삼일여고 여교사 차인재(車仁載)와 함께 1919년 8-9월경까지 수원군 수원면내의 조선인 각 집에 이를 배포하였다.*****

그러던 중 1919년 9월 경 이득수는 휘문고등보통학교 4년생으로 수원에서 서울로 통학하고 있던 박선태를 만났다.****** 당시 그는 상해로 망명하여 독립운동을 전개하고자 하였다. 그러나 이득수는 상해에 가지 말고 수원을 중심으로 동지를 규합하여『독립신문』과『대한민보』등을 배포하는 것이 어떤한가에 대하여 박선태와 의논하였다.*******

---

* 동아일보 1921년 4월 6일자.
** 국회도서관,『한국민족독립운동사료(중국편)』, 1978, 153쪽.
*** 동아일보 1921년 4월 6일자
**** 위와 같음.
***** 독립운동사편찬위원회,『독립운동사자료집』5, 1972, 377쪽
****** 동아일보 1921년 4월 6일자
******* 독립운동사편찬위원회,『독립운동사자료집』5, 377쪽

『독립신문』은 1919년 8월 21일부터 대한민국임시정부의 기관지로서 간행되었으며, 오로지 민족의 독립을 위한 민족정신의 앙양과 독립달성을 표방하고 있던 신문이었다.* 그러므로 임시정부에서도 독립신문을 국내동포들에게 전달하고자 하였으며, 이것은 임시지방연통제와 임시지방교통사무국을 통하여 국내에 전달되었던 것이다.** 이에 박선태도 동조하여 이득수와 함께 독립운동을 전개하고자 생각하고 1919년 말 혈복단을 조직하였다.*** 이 조직이 수원 혈복단인 것이다.

수원혈복단은 이득수와 박선태가 중심이 된 조직이라고 할 수 있다. 다만 이들 가운데 박선태가 이득수보다 1년연상이고 수원지역에서 3·1운동에 적극 참여하였던 경력으로 보아 박선태가 점차 중심인물로 등장하지 않았나 생각된다. 아울러 그 배경에는 수원출신이자 삼일학교 학감이며, 민족대표 38인으로 당시 주목을 받던 김세환이 그림자로서 정신적 및 실제적인 조력을 다하였을 것으로 판단된다.

---

* 최준, 「대한민국 임시정부의 언론활동」, 『한국사론』 10, 국사편찬위원회, 1981, 166-168쪽
** 최준, 위의 논문, 178-182쪽
*** 매일신보 1920년 11월 13일자에는 수원 혈복단이 1919년 9월경에 조직된 것으로 되어 있으나 서울 혈복단이 동년 11월에 조직된 것으로 보아 동년 연말쯤 조직되지 않았나 추측된다.

3) 수원 구국민단의 결성과 활동

수원혈복단을 조직한 박선태, 이득수 등은 수원지역에 거주하면서 서울로 통학하고 있는 학생들을 중심으로 새로운 조직을 결성하고자 하였다. 이 조직의 결성에는 이득수의 한문 선생이었던 차관호 및 김보윤(金甫潤)이 후원하였던 것으로 생각된다. 왜냐하면 차관호는 1919년 8월 15일 임시정부 내무부 특파원으로 경성으로 특파된 적이 있으며,* 경성에서 차관호는 이득수에게 『독립신문』의 수원지역 배포를 위임하였을 것으로 추측되기 때문이다.

또한 중국 상해에 있던 김보윤도 수원지역의 비밀단체 조직에 일조를 하였다.** 특히 여기서 주목되는 것은 차관호와 김보윤이 모두 상해 임시정부의 대한적십자회에 관여하고 있다는 사실이다. 1919년 12월 경 대한적십자회에서는 병원 설립과 간호원의 양성을 위하여 적극적으로 국내에 연락을 취하여 회원을 모집하고 있었다. 이 때 김보윤은 독립대의 대장으로서 안강근(安康根) 외 27명과 함께, 차관호는 십자대(十字隊)의 대장으로서 이관수(李寬洙) 외 30명과 함께 적십자 회원 모집에 적극적이었던 것이다.*** 그러므로 차관호와 김

---

* 문일민, 『한국독립운동사』, 애국동지원호회, 1956, 204쪽
** 동아일보 1920년 8월 20일자
*** 金正明, 『朝鮮獨立運動』 1권 分冊, 原書房, 1967, 238쪽

보윤은 이득수 등에게, 수원지역에 독립신문의 배포는 물론 적십자회원 모집을 위한 조직을 만들도록 하였을 것이다.

이득수는 이러한 목적을 달성하기 위해서는 여학생들의 도움이 필요하다고 생각하였다. 그리하여 1920년 6월 경 여학생들을 가입시키기 위하여 차인재에게 도움을 요청하였고, 그녀는 3명의 여학생을 소개하였다.* 이화여자고등보통학교 2년생인 임순남(林順男, 일명 林孝貞)과 최문순(崔文順), 경성여자고등보통학교 3년생인 이선경(李善卿)** 등이 그들이다. 이들은 모두 수원거주 서울통학생들로 항일운동의 요람인 수원교회***의 교사로서 활동하던 기독교인들이었다. 그 중 임순남은 수원 삼일학교 졸업생이었고, 최문순은 수원공립보통학교 졸업생이었다.****

박선태와 이득수는 1920년 6월 7일 수원면 서호(西湖) 부근에서 임순남, 최문순, 이선경 등을 만나 혈복단을 구국민단

---

* 동아일보 1921년 4월 6일자
** 이선경(1904-1923)의 집안은 수원에서 큰 부자집이었으며, 감옥에서 보석으로 풀려난후 19세의 나이로 서거하였다고 한다. 그녀의 동생인 李容成은 축구선수였으며, (홍석창, 앞의 책, 200-201쪽과 수원시사편찬위원회 상임위원인 리제재와의 면담에서 청취) 수원시 1952년 수원시 초대 시의원에 피선되었다(『수원시사』, 1986, 418쪽)
*** 수원에서 가장 오래된 교회로 현재 명칭은 종로교회이다(홍석창, 앞의 책, 140-142쪽)
**** 동아일보 1920년 8월 20일자

으로 개칭하고,* 1920년 6월 20일 구국민단을 조직하는 한편** 단장에 박선태, 부단장에 이득수, 서무부장에 임순남, 재무부장에 최문순, 구제부장에 이선경,*** 교제부장에 차인재를**** 각각 임명하였다. 이들은 수원지역에 거주하며 서울로 통학하는 20세 안팎의 젊은 학생들이었다. 특히 여기서 주목되는 점은 수원 삼일학교 관련자들이 구국민단에서 중요한 역할을 하고 있다는 점이다. 수원지역의 여학생들을 가입하게 하는 데 중요한 역할을 한 차인재가 교사이며, 임순남 역시 이 학교의 졸업생인 것이다.***** 이 학교는 철저한 기독교 학교로 이항여 등 교사들이 독립사상이 철저한 애국지사들이었다.****** 즉 삼일학교는 수원지역 항일운동의 요람이었던 것이다. 특히 삼일여학교 학감으로 3·1운동에 적극적으로 참여했던 김세환이 학감으로 있던 학교였으므로 구국민단은 더욱 김세환과 밀접한 관련이 있던 것으로 보인다. 삼일여학교 교사로 참여한 차인재 역시 그러할 것으로 보인다. 현재 남아 있는 1910년대 삼일여학교 사진가운데에는 차

---

* 매일신보 1920년 11월 13일자
** 독립운동사편찬위원회, 『독립운동사자료집』 5, 378쪽.
*** 동아일보 1921년 4월 6일자
**** 동아일보 1920년 8월 20일자
***** 동아일보 1920년 8월 20일자
****** 김세한, 『삼일학원육십오년사』, 1968 참조.

인재와 김세환이 다른 학생들, 교사들과 함께 찍은 사진도 남아있다.

한편 구국민단의 결성에는 정신적으로는 김세환, 실질적으로는 김노적, 박선태의 영향이 컸던 것이 아닌가 한다. 박선태는 3·1운동 당시 이 지역의 대표적인 민족운동가인 김세환·김노적과 함께 만세운동을 주도한 청년이었던 것이다. 그리고 이선경 역시 김노적·박선태와 같은 마을인 수원면 산루리출신인 것이다.* 뿐만 아니라 이선경은 3·1운동 발발 당시 김세환 밑에서 각지의 연락 엄무를 담당하였던 것이다. 그녀는 치마속에 혹은 앞 가슴에 비밀문서를 넣어 일제의 눈을 피해 대전, 충주, 안성 등지로 수십차에 걸쳐 비밀지령을 전달하였다.** 한편 조직 선정을 마친 구국민단은 다음과 같은 2대 목표를 설정하였다.

1. 한일합방에 반대하여 조선을 일본제국 통치하에서 이탈케 하여 독립국가를 조직할 것.
2. 독립운동을 하다가 입감되어 있는 사람의 유족을 구조할 것.***

그리고 이 목표를 달성하기 위하여 구국민단 단원들은

---

* 『수원시사』, 306쪽.
** 『수원시사』 306쪽
*** 독립운동사편찬위원회, 『독립운동사자료집』 5, 378쪽.

1920년 7월 경까지 1주일에 한번씩 금요일에 수원 읍내 삼일학교에서 회합하여* 독립신문의 배포를 담당하기로 서약하고 또 기회를 보아 상해로 가서 임시정부의 간호부가 됨으로써 독립운동을 도울 것을 맹세하였다.** 특히 여학생 3명은 상해 임시정부 적십자회에 들어가 간호원이 되어 후일 미일전쟁이 발발하였을 때 그 힘을 다하고자 하였다.*** 아울러 당시의 활동 내역을 최문순이 암호일기로 작성하였다.****
그러나 구국민단에서 가장 힘써한 일은 『독립신문』의 배포였다. 이득수는 독립신문을 배포하기 위하여 일단 서울 동대문 부인병원에서 신문을 입수하였으며, 그 비용은 박선태가 부담하였다. 그리고 이득수와 박선태는 1920년 6월 경부터 수차례 독립신문과 창가집을 수원 민가에 배부하였다.*****

한편 조직의 확대를 위하여 수원 지역에 거주하는 김석호(金錫浩), 김노적******, 윤구섭(尹龜燮), 김병갑(金秉甲), 이희경(李熙景), 신용준(愼用俊) 등에 대하여 동지가 될 것을 권유하

---

* 동아일보 1921년 4월 6일자
** 독립운동사편찬위원회, 『독립운동사자료집』 5, 378쪽.
*** 宋相燾, 『騎驢隨筆』, 국사편찬위원회, 1955, 288쪽.
**** 동아일보 1921년 4월 6일자
***** 동아일보 1921년 4월 6일자
****** 김노적은 1927년 10월 17일 신간회 수원지회 회장이 되었다(조선일보 1927년 10월 20일자)

였다.* 또한 박선태는 청년운동을 통하여 세력을 확장하고자 하기도 하였다. 수원에는 1908년 수원엡윗청년회가 1908년 가을 창립되었다가 해산된 이후 체육회 또는 운동구락부라는 이름으로 명맥을 유지하여 오다가 1917년에 다시 재조직되었던 것이다. 그 후 1920년대에 들어와서는 청년회라는 명칭를 가진 조직들이 전국적으로 조직되는 데 모든 단체가 지·덕·체 삼육(三育)을 연마하고 나아가 그 지방의 풍습을 개량하며 산업경제의 발전을 도모하는데 그 목적을 두고 있었던 것이다.** 이러한 시기에 박선태는 1920년 7월 11일 남문 밖 성공회에서 창립된 진명구락부(進明俱樂部)에서 운동부장으로 활동하였다. 그 때 그와 함께 활동한 인물은 도서부장으로 일한 김노적, 부장 김인(金仁), 총무 조용호(趙鏞昊) 등이었다.*** 진명구락부에서 활동한 박선태는 당시 수원군에 조직되어 활동하던 주요 청년단체들과도 유기적인 관계를 갖고 활동하였을 것으로 짐작된다. 당시 활동하고 있던 주요 청년단체로는 남양청년회, 수원청년구락부, 수원 엡윗청년회, 수원청년회, 천도교청년회 수원지부, 천주교청년회 등을 들 수 있다. 그리고 이들 단체들은 대체로 민족개량적, 계몽

---

* 독립운동사편찬위원회, 『독립운동사자료집』 5, 378쪽.
** 조찬석, 「청년운동」, 『경기도항일독립운동사』, 767-768쪽.
*** 조찬석, 위의 책, 790쪽.

적, 또는 교육적 성격을 지니고 있었다.* 당시 수원읍의 인구가 남자 인구가 5천여명으로 추정되던 시기에 일반 학식있는 청년은 몇백명도 되지 못하였을 것이다. 그리고 그들 사이에는 일정한 유대관계가 형성되어 있지 않았을까 추정된다.

한편 구국민단에서는 임순남을 통하여 여성청년단체와도 적극적인 유대관계를 가지고자 하였을 것이다. 임순남은 종로에 있는 감리교회에서 조직된 여성청년단체인 여보호회(女保護會)에서 1920년에 총무로서 활동하였던 것이다. 그녀와 함께 이 단체에서 활동한 인물로는 회장에 이신애(李信愛), 부회장 이화순(李華淳) 등을 들 수 있다.**

이처럼 활발한 활동을 전개하던 박선태, 이득수, 임순남 등은 1920년 8월에 체포되어,*** 1921년 4월 박선태와 이득수는 징역 2년을 언도받았다. 임순남, 최문순, 이선경 등 여학생들은 징역 1년 집행유예 3년을 선고받았다.****

---

* 위의 책, 767쪽.
** 위의 책, 791쪽.
*** 동아일보 1920년 8월 20일자
**** 동아일보 1921년 4월 13일자. 체포된 후 수원경찰서로 압송된 이선경은 모진 고문으로 가족들에 의해 집으로 옮겨지자 마자 19세의 나이로 순국하였다(『수원시사』, 306쪽).

4) 혈복단과 구국민단의 성격

지금까지 1920년대 수원지방 비밀결사의 조직배경, 비밀결사인 혈복단과 구국민단의 조직과 활동 등에 대하여 살펴보았다. 이를 중심으로 두 단체의 성격을 알아보면 다음과 같다.

첫째, 수원 지방의 3·1운동의 연장선에서 김세환의 키드들에 의해서 이루어진 조직이라고 볼 수 있다. 즉 만세운동 시 주도적인 역할을 하였던 김세환, 김노적 밑에 만세운동의 행동대로서 활약하였던 박선태, 이선경 등이 이 단체의 주도적인 역할을 하고 있음에서 알 수 있다. 그들은 아마도 김노적 등과의 연계속에서 장년층 지도자들과의 연결 고리를 갖고 있었을 것으로 보인다.

둘째, 상해임시정부를 지지하고 후원하는 단체였다. 그러므로 이들 단체에서는 『독립신문』의 배포 및 대한적십자회의 가입 등을 추진하였던 것이다. 이것은 상해임시정부에 대한 당시의 기대와 지지도를 반영해주는 것이라고 생각된다.

셋째, 공화주의 이념을 지지한 단체였다. 주요 구성원이 신식교육을 받은 학생들이었다는 점이 이와 관련하여 주목된다.

넷째, 기독교도를 중심으로 이루어진 조직이었다. 이득수가 그러하며, 이 단체에 참여한 3명의 여학생 역시 수원지역의 유능한 기독교인들이었다. 삼일학교가 이들의 중심지가 될 수 있었던 것도 이 학교가 기독교 학교였기 때문일 것이다. 즉 이 단체는 구한말부터 이어져 내려오는 수원지방의 북감리교 세력이 모태가 되어 이루어진 것이라고 할 수 있다. 그리고 그들이 학생들에게 민족의식을 고취시킨 결과라고 할 수 있다. 그 가운데 김세환이 있다고 판단된다.

다섯째, 서울에 왕래가 많은 통학생들을 중심으로 조직된 단체였다는 특징을 갖고 있다. 그들은 수원에서 가장 엘리트 학생들이었다고 생각되며, 자신의 거주지역을 중심으로 독립운동을 전개하고자 하였던 것이다. 그러므로 그들의 활동은 경기도지방에 독립운동의 기운을 확산시키는 데 크게 기여하였다고 하겠다.

여섯째, 이 단체는 학생들이 중심이 된 조직이다. 이것은 바로 구한말 애국계몽운동 시절부터 전개되어 왔던 교육운동이 3·1운동을 거쳐 그 결실을 맺은 것이라고 할 수 있다. 이들 학생운동이 1920년대 후반에는 수원고등농림학교의 학생운동으로 계승발전되었다고 하겠다.

일곱째. 혈복단과 구국민단은 비밀결사라는 측면에서 수원군에서 1910년대에 조직된 구국동지회의 맥락을 계승발전시킨 것이라고 할 수 있다. 1910년대 향남면 제암리에 조직된 구국동지회가 의병세력과 천도교 세력, 기독교 세력 등이 중심이 되어 조직된 것이라면 이 단체는 바로 기독교인 청년들이 중신이 되어 조직한 비밀결사라고 할 수 있다.

여덟째, 당시 수원 지방에 있는 기타 청년단체들과도 유기적인 관계를 맺으면서 활동하였다. 진명구락부, 여보호회 등은 그 대표적인 것이라고 할 수 있다.

혈복단과 구국민단은 이러한 중요한 의미를 갖고 있음에도 불구하고 일정한 한계성도 지니고 있던 단체였다. 일단 무엇보다도 숫자가 극히 제한되어 있다는 것이다. 물론 운동을 전개함에 있어서 숫자의 다과가 중요한 역할을 하는 것은 아니지만 이 조직은 간부만 있고 조직원이 별로 없는 형태를 띠고 있는 것이다. 아울러 조직에 있어서도 학생들외에 농민, 노동자 등 다른 계층과의 연대 또한 이루어지지 못하였다. 그럼에도 불구하고 혈복단과 구국민단은 3·1운동이후 수원지방에서 조직된 비밀결사로서 경기도 나아가 국내독립운동에 큰 기여를 한 단체라고 할 수 있겠다. 아울러 이 단체의 조직을 계기로 1920년대 중반 이후 수원지방에서는 보다 활발한 학생 비밀결사들의 조직되어 활동할 수 있었던 것이다.

■ 노블리스 오블리제의 실현— 학교 재정을 위한 봉사

1930년대 이후 김세환은 지역유지로서 봉사하는 삶을 살아간 것으로 보인다. 특히 그는 미래세대인 학생들의 교육지원에 깊은 애정과 관심을 보인 것 같다. 1930년 그는 일찍이 1910년대 자신이 참여하였던 수원상업강습소의 후신인 화성학원 유지회에서 평의원으로 활동하였다. 조선일보 1930년 1월 24일자 〈수원화성학원 유지회조직〉에.

만여원의 의연 어더

경기 수원의 유일한 무산계급자제의 교육긔관인 화성학원은 그간 경영난으로 만흔 곤난을 밧든 중, 그것을 절실이 유감으로 생각한 김세완(金世玩)씨는 원장 홍사훈(洪思勳)씨와 의론한 후, 단독으로 책임을 지고 활동한 질과 일개월 동안에 일만여원이란 다대한 금액을 수납하야 화성학원에 들여노키로 되엇다는 바, 지난 16일 하오 4시에 화성학원에 모혀 김세완씨의 활동보고가 끗난 후, 유지회를 조직하자는 의견이 성립되어 곳 화성학원유지회 창립총회로 자리를 변경하고 림시집행부로 의장 김세완(金世玩), 서기 김도생(金道生), 제씨가 피선되어 임원선거, 평의원을 선거한 후, 그 중에서 회장을 선거하기로 하고 그 의연금 처치방법에 대하야는 화성흥산주식회사(華城興産株式會社)에 맥기어 매월 일푼(一分)의 리자만 학원 경비로 쓰기로 하고 동일 오후 7시에 무사 폐회 하엿다는 바,

선거된 임원과 의연자(義捐者) 급 의연금은 다음과 갓다다라

◇ 임원
회장 홍사훈(洪思勛), 부회장 이길태(李吉泰), 평의원 유하영(柳夏永)
홍사헌(洪思憲) 송병황(宋秉熀), 엄주철(嚴柱喆), 윤용희(尹龍熙), 이각
래(李珏來), 김세환(金世煥)
◇ 의연자(생략)

라고 있음을 통하여 살펴볼 수 있다.

또한 김세환은 1939년 수원 삼일학교가 새롭게 구성되지 않으면 안될 위기에 수원 갑부인 최상희(崔相喜)를 움직여 일만원을 희사하게 하여 폐교 직전의 학교를 구하기도 하였다. 이 역시 1910년대 자신이 학감으로 있었던 삼일여학교에 대한 마지막 봉사가 아닌가 한다.

최상희

『삼일학교육십오년사』(김세한, 1968) 〈김세환선생과 삼일〉에서는 이에 대하여,

> 1939년 삼일학교에 거재(巨財)를 쾌척한 최상희씨의 배후에는 김세환선생의 활동이 컸으며, 그 숨은 공로를 알 사람이 없었다. 삼

일남녀학교에 학감을 역임한 바도 있으며, 고아한 인품의 소유자였다. 선생은 삼일학교의 은인일 뿐만 아니라, 수원사회의 자랑이기도 하였다

라고 칭송하고 있다.

홍사훈

아울러 1941년에는 홍사훈을 설득하여 수원상업학교(현 수원중고등학교)를 설립하여 해방되기까지 교육에 힘쓰다가 해방된 직후인 1945년 9월 26일에 숨을 거두었다. 이 학교 역시 수원상업강습소의 후신이라고 볼 수 있다.

■ 민족운동가로서의 업적과 평가-소외된 곳에 노블리스 오블리제를 실천한 교육자이자 3·1운동 지도자

김세환(1889. 11. 18 ~ 1945. 9. 26)은 1876년 개항이후 불확실성의 격동의 조선에서 1889년 11월 18일 경기도 수원군 남수동에서 출생하였다. 어린 시절 집 근처에 설립된 수원종로교

회에 출석한 것으로 알려져 있다. 1901년 말에 설립된 수원 종로교회는 선교 활동 외에도 삼일남학교 및 여학교를 세우는 등 교육과 구국 활동에 힘쓰고 있었다. 이런 기독교와 독립운동가 임면수와의 만남은 그의 행로에 큰 영향을 끼쳤다. 그는 수원지역의 대표적인 열린 기독교민족주의자로 성장하였던 것이다.

김세환은 기독교의 영향으로 그리고 임면수 등 지역의 기독교 지도자들의 영향을 받아서 일찍부터 신학문을 배워야 한다고 생각하였다. 서울로 올라가 관립한성외국어학교 한어학부에 진학하였다. 졸업 후에는 일본으로 건너가 와세다대학에서 경제학 등 신학문을 배우고 귀국하였던 것이다.

1910년 8월 일제에 의한 조선의 강점은 20대 초의 젊은 청년지식인 김세환에게는 큰 충격이었다. 그는 자신의 미래를 교육을 통한 구국운동에 바치고자 결심한 것 같다. 김세환이 자신의 결심을 실현하기 위하여 선택한 곳은 고향 수원이었다. 아울러 그 대상은 경제적으로 어려우면서 공부에 매진하고자 노력하고 있는 소외된 청소년들이었다. 김세환이 수원의 대표적 상인집안 출신이라는 점을 고려할 때, 김세환의 수원강습소 교사 선택은 특별한 의미가 있는 것이 아닌가 한다. 그는 기독교신앙을 바탕으로 조선의 독립과 어려운 경제적 상황에 처해진 어린 소년들의 교육에 자신의 일생을 바치고자 결심하였던 것이다.

김세환이 처음으로 활동한 곳은 수원상공회의소에서 고학생들을 위하여 운영하는 수원상업강습소였다. 여기서 김세환은 수원강습소의 재정마련을 위해 마련한 방직공장에서 학생들과 함께 직조감독관으로 일하며, 학생들을 가르쳤다. 이 학교는 오늘날 수원중고등학교 전신으로, "상업에 관한 지식, 기능의 강습"을 목적으로 설립되었다. 그러나 실제는 1909년 수원 상인들이 단결하여 항일 의식을 높이려는 목적으로 설립된 학교였다. 이곳에서 향후 수원 지역의 대표적인 민족·사회운동가로 활약하는 김노적 등을 가르쳤다. 아울러 박선태와도 첫 인연을 맺게 되었다.

1913년 김세환은 수원의 대표적인 기독교 학교인 삼일여학교(현 매향여자정보고등학교) 교사로도 일하게 되었다. 여선교사 밀러(美羅, L.A. Miller) 교장의 요청이 있었다. 당시 수원지역에는 김세환처럼 기독교 신자로 교사경험이 있으면서 지식이 풍부한 청년이 드물었기 때문이라고 추정된다. 그러나 더욱 주목되는 것은 김세환이 남학교가 아닌 여학교에 취업하였다는 점이다. 이점은 수원상업강습소의 경우와 마찬가지로 김세환이 당시 교육의 현장에서 소외된 사람들에 대한 애정과 관심의 표현이 아닌가 판단된다. 여성교육은 조선의 미래를 결정하는 중요한 현안임에도 불구하고 그동안 한국의 전통사회에서는 여성에 대한 관심을 등한시하여 오고 있었기 때문이다.

김세환은 밀러 교장을 도와 교사로서 교육을 담당하는 한편 관라자로서 학교의 발전에도 크게 기여하였다. 밀러 교장과 함께 학교 건물을 새로 건축하였고, 선교 활동으로 교장이 자리를 비운 사이 학교 살림을 도맡아 관리하기도 하였다. 또한 단순한 학교교육을 넘어 학생들에게 양잠을 가르칠 수 있는 실습장도 독자적으로 만들어 양잠기술을 가르치기도 하였다. 이는 김세환이 단순한 가르치는 교사를 넘어 현실에 바탕을 둔 학교와 학생들에 대한 미래지향적인 청사진을 갖고 있었던 것이 아닌가 한다. 그러므로 김세환은 밀러 교장의 인정과 신뢰 속에서 삼일여학교의 학감의 지위에 오른 것이 아닌가 판단된다.

수원지역의 교육자로 활동하던 김세환에게 3·1운동 참여는 그의 인생에 큰 전환점이 되었다. 즉, 교육자에서 민족운동가로의 새로운 변신이 이루어졌던 것이다. 그의 변화는 기독교를 바탕으로 한 것이었으며, 조국에 대한 독립의 열망을 토대로 한 것이었다.

김세환

김세환은 1919년 2월 10일 평소 알고 지내던 서울 YMCA 학생부 간사 박희도를 만났다. 3·1운동 직전 삼일여학교 학감으로 학교를 운영하던 것이 계기가 되어 YMCA 학생부 간사인 박희도와 친밀한 관계가 형성되었다. 삼일여학교 교사의 충원 문제로 만난 자리에서 '지금 민족자결주의가 제창되고 있으므로 우리도 마땅히 독립을 도모할 때'라는 말과 함께 독립 만세 계획을 듣고 이에 동의하며 3·1운동에 참여하게 되었다.

김세환은 1919년 2월 21일 세브란스 병원안 이갑성의 집에서 열린 회의에 참석하였다. 이회의는 3·1운동의 방향을 결정하는 중요한 자리였다. 3·1운동을 주도한 박희도, 남강 이승훈, 현순, 함태영 등도 참여하였던 것이다. 이 자리에서 김세환은 수원과 충청 지역의 만세 시위를 준비하는 '순회위원'이란 큰 책임을 맡게 되었다. 김세환이 기독교인으로 수원지역을 대표할 만한 교육자이자 종교지도자이기도 하였기 때문이었을 것이다.

김세환은 일차적으로 충남 해미읍 감리교회에서 열린 사

경회를 인도하러 온 홍성교회의 김병제 목사에게 시위 계획을 설명하고 민족대표로 참여해 줄 것을 부탁하여 승낙을 받았다. 수원으로 돌아와 남양교회의 동석기 목사를 만나 시위 계획을 설명하고 만세 시위 참여를 확인받았다. 다음 날 이천교회 이강백 목사를 만나 동의를 받았으며, 이후 오산교회의 김광식 목사를 만나 역시 승낙을 받았다. 마지막으로 수원종로교회의 임응순 전도사를 만나 만세 시위 참여를 승낙받았다. 즉, 김세환은 순회위원으로서 서울의 인근지역인 경기도와 충청도지역을 중심으로 3·1운동 준비에 박차를 가하였던 것이다. 이에 서울의 박희도와도 지속적인 연락을 취하기는 하였으나 만세운동이 가까워지면서 중앙본부와의 연락에 일정한 한계가 있었다. 이에 태화관에서 이루어진 민족대표 33인회의에는 참석하지 못하고, 수원지역 3·1운동 계획을 준비하는 한편, 3월 1일 아침 서울 상황을 파악하고자 상경하여 만세 시위에 동참하였다.

김세환 3·1운동기념비(수원고등학교)

김세환의 묘(서울 국립현충원)

김세환은 3월 1일 오전 파고다 공원에서 젊은 학생들과 일반인들의 독립선언과 만세운동을 현장에서 직접 목도하였다. 아울러 태화관의 민족대표 33인과는 달리 덕수궁 근처에 있는 경성일보사 방향으로 시민들과 함께 만세운동에 동참하였다. 3·1운동을 준비한 주도자 가운데 한사람으로서 현장에서 대중들과 함께 하며 김세환이 느꼈을 감동과 전율, 벅찬 마음은 이루말 할 수 없었을 것이다. 결국 김세환은 3월 13일 당주동 숙소에서 일경에 의해 체포되어 서대문형무소에 투옥되었다.

그 후 수많은 검찰의 취조와 고문속에서 김세환은 변절하지 않고 조선독립의 의미와 자신의 행동들, 앞으로의 방향성 등에 대하여 다시 한번 더 고민하였을 것이다. 그러는 가운데 조국에 대한 마음과 행동은 더욱 강철처럼 견고해져 나갔을 것이다. 아울러 자신이 앞으로 추구해 나갈 국가상에 대하여도 고민하였을 것이다. 김세환은 기독교를 바탕으로 한 자주독립국가를 꿈꾸지 않았을까 짐작해 본다. 결국 김세환은 1920년 10월 30일 경성지방법원에서 구류 360일 만에 '증거불충분'의 이유로 무죄를 선고받고 풀려났다. 1919년 3월 체포되었으니 실제 옥고는 1년 7개월에 이르는 시간이라고 볼 수 있다. 한편 김세환이 감옥에 있는 동안 그의 영향을 받은 수원지역의 삼일학교 여교사 차인재, 청년 박선태, 이득수, 여학생 이선경, 임순남, 최문순 등은 구국민단을 조직하여 활동하기도 하였다.

출옥 직후 김세환은 일제의 감시하에 있었기 때문에, 직접적인 독립운동에 나설 수 없었다. 그러므로 그는 기독교전파와 지역 유지로서 온건한 방법의 독립운동을 추구하는 전술을 보이고 있다. 즉, 우선 김세환은 조선기독교광문사 설립에 참여하였다. 여기에는 당시 대표적인 기독교 지도자들이 대거 참여하였다. 이들은 단체의 지방조직 결성과 회원 모집을 위해 전국 강연단을 조직하고 활동했는데, 충청 지역의 강연단을 맡아 활약하였다. 1923년 3월 민립대학설립운동에는 수원지역의 대표적 독립운동가로 만주에서도 활동한 임면수와 함께 수원 지역의 대표적 인물로 참여하였다. 아울러 1928년 8월 19일 개최된 신간회 수원지회 임시대회에서 수원지회장에 선출되어 보수와 진보세력의 연합과 연대를 추구하였다. 또한 1929년에는 진보적인 세력과 경쟁하여 동지들과 함께 수원체육회를 창립, 기독교를 바탕으로 한 자신의 신념을 지켜나가고자 한 것으로 보인다. 그때 함께한 동지들로 김노적, 박선태, 김병호 등을 들 수 있을 것 같다.

김세환은 1939년에는 삼일학교가 폐교 위기에 처하자, 나서서 수원 갑부 최상희를 움직여 1만 원을 희사하게 하여 폐교 직전의 학교를 구하였다. 1941년에는 홍사훈을 설득해 수원상업학교(현 수원중고등학교)를 설립하여 교육에 힘쓰다가 광복 직후인 1945년 9월 26일 순국하였다.

김세환은 3·1운동기에는 민족대표 48인 가운데 한 사람으로, 출옥후에는 수원지역의 민족운동가로, 말년에는 1910년대에 자신이 근무했던 수원상업강습소, 삼일여학교에 최후까지 지원과 사랑과 봉사를 아끼지 않았던 참다운 노블리스 오블리제를 실천한 교육자요, 독립운동가라고 평가할 수 있을 것이다.

◾ 김세환

김세환 삼일여학교 학감

◼ 김세환 가족들

부인 심경자 등(미국이민 전)

김세환 가족

김간난
(김세환 첫째 여동생)

김소간난 (김세환 둘째 여동생. 이화학당
시절, 뒷줄 왼쪽 첫번째)

김세환의 자녀들

김세환의 아들 주흔가족

윤창혁 등 김세환 가족들(2019)

◼ 삼일여학교

김세환(1916. 8. 24)

김세환(1918. 1. 22)

삼일여학교(1913년 12월 매향동 110번지 40평 근대식 건물)

1910년대 김세환이 세운 강당(우측 한옥, 1960년대모습)

116   *In Lands Afar*

The conference decided to try to save 37 of the schools by registration. The local magistrates have absolute power over schools not registered and can close them at any time.

A great opportunity lies in the kindergarten. The Government permits these, and one is needed wherever we have a preaching place. Trained kindergartners and equipment for the rooms are needed in every station. Inexpensive dormitories in connection with each registered school will provide a way to care for the girls of our Christians, bringing them from all over the district to the one or two schools we maintain. These are greatly needed. We must

MODEL DAY SCHOOL, SUWON, KOREA.

have more buildings for Ewha and Union Academy and ten more day school buildings to meet Government demands. *Second:* To thoroughly equip our hospitals and send out at once two nurses and two physicians. *Third:* (a) To increase the evangelistic force to sufficiently guide the activities of the native women. We now have 12 evangelistic missionaries; this number should be doubled. (b) To provide a woman's class building in each district center. In Pyengyang, Yungbyen and Seoul the classes have grown so large that it is impossible to accommodate the number who come from long distances. In Pyengyang there were 15 crowded into where but 5 could sleep with comfort; this resulted in sore throats, colds and headaches. In Yungbyen they have but five small rooms where, for district classes alone, they need 12. They have large weekly classes which must be held in the dining room, whether there is an epidemic of whooping cough, measles or scarlet fever. In these buildings which can be erected for $3000 will be rooms for women's classes, the school chapel, the night school, the kindergarten, while the building will be the center for the evangelistic work. (c) To provide support for Bible women sufficient to allow one for each circuit. "The most compelling aspect for the evangelistic situation in Korea is its remarkable response to every fresh effort. Such conditions do not admit of delay."

All students of missions unite in the opinion that NOW is the time to save Korea. Bishop Thoburn, the "Prophet of Methodism," said ten years ago, "Give Korea the money and workers she needs and in ten years she will be won for Christ and help save Asia for Him." Bishop Lewis has expressed his belief that "through the Koreans God will, in a future spiritual effort, express His will for the great yellow race, that He will make them the key of spiritual

삼일여학교 전경(Following the great command, 1918)

■ 신간회 — 김세환 감사카드

김세환 일제감시카드 앞면(1928)

김세환 일제감시카드 뒷면(1928)

◪ 김세환 추모

김세환 서거 80주기 헌화행사(2025년, 수원박물관)

김세환 서거 80주기 헌화(2025년, 수원박물관)

김세환 집터전시회 포스터(2019)